태초에 창조성이 있었다

태초에 창조성이 있었다

지은이/ 고든 카우프만
옮긴이/ 박 만
펴낸이/ 김준우
펴낸날/ 2013년 10월 1일
펴낸곳/ 한국기독교연구소
등록번호/ 제8-195호(1996년 9월 3일)
경기도 고양시 일산구 장항2동 730, 우인 1322호 (우 410-837)
전화 031-929-5731, 5732(Fax)
E-mail: honestjesus@hanmail.net
Homepage: http://www.historicaljesus.co.kr.
표지 디자인/ 정희수
인쇄처/ 조명문화사 (전화 02-498-3017)
보급처/ 하늘유통 (전화 031-947-7777, Fax 031-947-9753)

이 책의 저작권은 Augsburg Fortress Press사와의
독점계약으로 한국기독교연구소가 소유합니다.
저작권법에 따라 국내에서 보호받는 저작물이므로
무단전재와 무단복제를 금합니다.

In the Beginning ... Creativity
by Gordon Kaufman
Copyright © 2004 Augsburg Fortress Press.
All rights reserved. Korean Translation copyright © 2013 by Korean Institute of the Christian Studies. The Korean translation right arranged with Augsburg Fortress Press. Printed in Seoul, Korea.

ISBN 978-89-97339-12-9 94230
ISBN 978-89-87427-87-4 (세트)

값 10,000원

태초에 **창조성**이 있었다

고든 카우프만 지음 · 박 만 옮김

한국기독교연구소

In the Beginning... *Creativity*

by
Gordon Kaufman
Augsburg Fortress Press, 2004.

Korean Translation by Mann Park

> 이 책은 한인철 목사(연세대 교목)의
> 출판비 후원으로 간행되었습니다.

Korean Institute of the Christian Studies

목 차

서문 __ 7

프롤로그: '하나님'이라는 단어 __ 15

1장 __ 59

오늘날의 진화적/생태적 세계와 기독교 신앙의 신학적 구조

2장 __ 85

하나님을 "예기치 않게 찾아온 창조성"으로 생각하는 것에 대해

3장 __ 111

태초에 창조성이 있었다

에필로그 __ 161

나의 신학적 사고의 발전: 두 가지 주제

참고문헌 __ 189

옮긴이의 말 __ 196

아내 도로시를 기억하면서

♣

> 우주의 창조주이자 아버지를 찾는 것은 힘든 작업이며 설혹 찾았다 해도 모든 인류에게 선포하는 것은 불가능할 것이요.... 그러니 소크라테스여, 신들과 우주의 세대를 - 많은 점에서 많은 것들을 고려해 볼 때 - 그것들과 완전히 일치하는 설명을 제공할 수 없다고 해도 결코 놀라지 않을 것이요. 우리가 그 무엇 못지않은 설명을 제공할 수 있다 해도 말하는 나나 판단하는 당신이나 그저 인간일 뿐임을 기억한다면 결국 이 문제들에 대해서는 그럴법한 이야기를 받아들일 뿐 그 이상을 희망해서는 안 되는 것이요.
> — 플라톤, 티마에우스 *Timaeus*

서문

나는 요한복음의 첫 구절을 다음과 같이 바꾸어 씀으로서 이 책을 시작하고자 한다. "태초에 창조성이 있었다. 그 창조성은 하나님과 함께 있었다. 그 창조성은 곧 하나님이었다. 만물이 이 창조성의 신비를 통하여 지음을 받았으니 창조성을 떠나서는 그 무엇도 존재할 수 없었다."

지난 여러 해 동안 나는 하나님을 창조주라기보다 창조성으로, 최근에는 예기치 않게 찾아온 창조성serendipitous creativity으로 말하고 글을 써왔다. 나에게는 하나님을 "하늘과 땅의 창조주"로 보는 전통적인 이해는 우주론적이며 진화론적인 사고를 하는 시대, 즉 우리의 우주가 약 140억 년 내지 150억 년 전에 빅뱅에 의해 시작되었다고 보는 시대에 별로 설득력이 없어 보인다. 1975년에 쓴 《신학방법론An Essay on Theological Method》에서 나는 신 관념을 포함하여 모든 신학적 관념들은 사람들이 자신들의 삶의 길을 모색해 나가는 가운데 사용하는, 인간 상상력의 산물로 이해하는 것이 가장 적절하다는 결론에 이르게 되었고, 이로 인해 하나님, 인간, 세계에 대한 전통적인 이해에서 떠나 이들에 대한 근대적/탈

근대적postmodern 의식에 더 잘 부합하는 사고가 무엇인지를 다양하게 실험할 수 있었다. 그러나 이런 문제들에 대한 전통적인 기독교 사고의 주된 문제점들과 이런 문제들에 대한 나 자신의 구성적인 제안들을 좀 더 자세히 제시할 수 있었던 것은 『신비에 직면하여: 구성 신학In Face of Mystery: A Constructive Theology』(1993)을 출간하면서부터였다.

많은 사람들이 나의 신학적 재구성 작업에 관심을 보였고 또한 나의 제언에 대해 진지한 질문들을 제기하였다. 지난 몇 년 동안 나는 몇 편의 소논문을 통해 나의 제언 속의 모호한 점과 어려운 부분을 명확하게 제시하고 더 발전시키고자 했다. 이런 가운데 나는 하나님을 세상과 세상에 있는 모든 것을 만드시고 계속해서 그 안에서 창조적으로 활동하시는 인격적 존재이기보다 거대한 우주 전체에 자신을 드러낸, 더도 덜도 아닌 **창조성 그 자체**creativity itself로 생각하기에 이르렀다.[1] 그 창조성 중에서도 무엇보다 경탄스러운 것은 당연히 지구 위의 생명의 발생 가운데 드러난 창조성, 곧 무수한 방향으로 뻗어나간 진화적 팽창과 마침내 이 장대한 파노라마를 의식적으로 인지할 수 있게 된 피조물인 우리 인간들의 발생까지 이른, 고통스러울 정도의 느린 진화적 발전 가운데 드러난 창조성이다.

이 책에서 나는 이전보다 더 자세하게 이 모든 것이 **창조성의** 드러남이라고 말할 때의 의미를 탐구하고자 한다. 곧 이 창조성에 대해 무엇을 생각하고 말할 수 있는지, 또한 창조성을 하나님으로 생각하는 것이 왜 적절하고 많은 문제를 해결하게 하는지, 왜 하나

---

[1] 나의 사고가 어떻게 발전해 왔는가에 대한 자세한 설명은 이 책의 에필로그 부분을 참고하라.

님을 더도 덜도 말고 바로 창조성으로 생각할 수 있는지를 살펴볼 것이다. 이는 복잡하고 어려운 문제이며 그 구체적인 내용은 이 책의 결론 부분인 3장 "태초에... 창조성이 있었다"에서 비로소 직접적으로 다루어질 것이다. 이 서문과 1장, 2장은 3장 내용의 배경 설명이자 준비 작업이다. 나는 이런 준비 성격을 가진 장들 대부분을 3장의 내용이 나에게 분명해지기 오래 전에 썼으며, 그 속에서 발견되는 사상들 역시 이 큰 그림을 향한 나의 여정의 발자취들을 보여준다는 점에서 역시 준비적인 성격의 것이다. 그러나 나는 그 내용을 이 책을 위해 다시 수정 보완하였다. 3장 이전의 내용은 3장에서 완성되는 일련의 단단한 논증이기보다 그곳까지 이르는 길가의 스냅사진과 같다. 그것들은 3장을 읽는 독자들이 진행되고 있는 내용을 이해하도록 돕기 위해 쓰인, 상황에 대한 일련의 설명이다.

먼저 나는 이 책의 프롤로그인 "'하나님'이라는 단어" 부분에서 이 책이 자리하고 있는 역사적 배경과 정황을 폭넓게 살펴볼 것이다. 이 부분은 프랜시스 피오렌자Francis Fiorenza와 함께 썼으며 원래 《종교 연구를 위한 비판적인 용어들Critical Terms for Religious Studies》(1998)에 수록된 것이다. 여기서 나는 '하나님'이라는 단어가 어디서 기인하였고, 지난 4천 년 동안 어떻게 사용되었으며 그 의미가 어떻게 변천되어 왔는지를 간략히 설명함으로써 이 책의 3장(그리고 1, 2장)의 배경이 되도록 했다. 이 단어의 (지금 우리에게 전해진 대로의) 의미는 지극히 복잡하기 때문에 피오렌자와 나는 이 단어의 의미 속에서, 지난 2천 년의 역사 속에 아주 분명하게 나타나는 세 가지 매우 다른 '가닥들strands'의 상호작용과 상호 연관성을 찾아낸 후 그것들을 간략히 제시함으로써 그

의미를 명료하게 하고자 했다. 이 의미의 세 가지 가닥은 '하나님'이라는 단어가 사용되는 오늘날의 다양한 용례에서도 그대로 나타나고 있다. 그 복잡함을 충분히 알 때만 비로소 우리는 이 단어의 의미와 사용에서 미래의 다양한 발전 가능성을 제대로 이해할 수 있을 것이다. '하나님'이란 단어에는 단 하나의 올바르거나 정확한 의미, 곧 어떤 '본질' 같은 것은 찾을 수 없다. 프롤로그에서 살펴보겠지만 이 단어에 다양한 용례와 해석이 있지만, 그것이 어떤 특정한 의미로 사용될 수 있고 또 마땅히 그렇게 사용되어야 한다고 말하고 싶은 사람은 그런 주장의 이유를 제시하여야 한다. 그 누구도 '하나님'이란 단어의 의미를 명확하게 아는 듯 행세할 수 없으며, 그렇게 하려면 그 의미하는 바에 대해서 모든 다른 사람들의 동의를 얻어야 할 것이다.

나는 독자들이 이 책의 다른 장들을 읽을 때에도 지금 말한 내용을 염두에 두기를 바란다. 왜냐하면 이 장들에서 나는 이 단어가 기독교 신학에서 가지고 있는 다소 새롭고 구별되는 특정한 의미를 옹호하고 주장할 것이기 때문이다. 나는 '하나님'의 의미에 대한 이런 배경적 설명을 이 책의 (1장이 아니라) '프롤로그' 부분에 두었는데, 이는 이 책에서 말하고자 하는 것을 이해할 때 생길 수 있는 오해들을 제거하고 싶기 때문이다. 그러나 이 부분의 논증은 복잡하고 또 광범위하기 때문에, 독자들은 프롤로그 부분을 건너뛰고 1장을 먼저 읽은 다음에 필요에 따라 뒤에 읽어도 될 것이다.

이 책의 주된 논증은 1장 "오늘날의 진화적/생태적 세계와 기독교 신앙의 신학적 구조"에서부터 시작된다. 여기에서 나는 하나님 아래 있는 세계 내의 인류에 대한 전통적인 기독교적 이해와 오늘날의 진화적/생태적 이해 사이의 중요한 부조화를 간략히 서술했다. 그러나 1장에서는 이런 기독교적 사고(여기에서는 전통적인 기독교 신앙의 **신학적 구조**라고 표현했다)가 왜 의심스럽게 되었는지에 대한 주된 이유들을 충분히 제시하지는 않을 것이다. 그렇게 하기에는 기독교적 신앙양태가 너무 다양하며 내가 다루는 내용은 너무 제한되어 있다. 또한 그 내용이 짧은 것은 내가 구성적인 신학 작업을 하는 데 유용하다고 생각하는 세 가지 용어들을 설명하는 것이 더 중요하다고 생각하기 때문이다. 그 세 가지 용어들은 **생역사적**biohistorical **존재로서의 인간**, 하나님을 다르게 생각할 가능성을 열어주는 것으로서의 오늘날 우리가 인식하고 있는 모습으로의 우주에 드러난, **예기치 않게 찾아온 창조성**serendipitous creativity, 그리고 넓게는 우주 전체, 구체적으로는 지구라는 행성에서 동시다발적으로 발생했으며 그런 신적인 창조 행위의 결과들을 우리 인간들이 이 세계 안에서 보게 된 우주적, 진화론적, 역사적 **궤적들**trajectories 혹은 **방향성 있는 운동들**directional movements이다. 물론 이런 거대한 이슈들을 하나의 장에서 다 다룰 수 없기 때문에 여기에서는 이 책이 말하고자 하는 내용을 간략하게만 제시할 것이다. 이 문제들을 자세히 알고 싶은 독자들은 나의 책 《신비에 직면하여*In Face of Mystery*》를 보기 바란다.

    1장은 또한 오늘날 신학자들이 마땅히 고려해야 할 중요한 논제들의 하나, 곧 기독교적 사고와 태도 및 실천은 현재의 생태계 위기에 대해 (부분적으로라도) 책임을 져야 한다는 점에 초점을 맞출 것이다. 여기에서 나는 우리의 근대적/탈근대적 생태적 사고 방식이 전통적인 기독교 사상과 언어에 대해 제기하는 문제들을 간략하게 살핀 다음에, (앞에 언급한 세 가지 개념들의 도움으로) 지금까지와는 다르고 생태 문제에 대해 더욱 민감한, 기독교 신앙과 하나님 아래에서 세계에 살고 있는 인류에 대한 기독교적 사고가 가능할 뿐 아니라 또한 이를 심각하게 고려해야 한다는 점을 말할 것이다. 곧 1장에서 나는 이 책에서 제기하고자 하는 주된 논점, 즉 오늘날 하나님에 대해 어떻게 생각해야 하는가 하는 점을 소개할 것이다.

2장은 "하나님을 예기치 않게 찾아온 창조성으로 생각하는 것에 대해"이며 여기에서 나는 하나님을 (세상과 세상 안의 만물을 만든 창조주라기보다) 우주 전체를 통해 자신을 드러낸 예기치 않게 찾아온 창조성으로 생각해야 한다는 나의 제언을 간략하게 설명함으로써 이 책이 원래 의도한 것을 드러낼 것이다. 2장(초기 형태는 Kaufman 2001a로 출판되었다)은 오늘날 하나님을 어떻게 상상해야 하는가에 대한 나의 제언에 대한 짧은 서론이자 이런 제언에 대한 신랄한 비판들에 대한 간략한 답변이다. 1장과 마찬가지로 나는 다루고 있는 논점들에 대해 완전한 논증을 제시하지는 않을 것이다(더 자세한 논의는 Kaufman 1993a, 1995, 1996a를 보라). 그러나 여기에서 나는 오늘날 하나님을 어떻게 생각해야 하느냐 하는 문제에 대한 나의 중심적인 제언을 제시할 것이며, 이런 제언을 처음 접하는 독자들이 제기할 수 있는 몇 가지 질문들에 대해 간략히 답을 할 것이다. 이렇게 하여 이 부분은 이 책이 말하고자 하는 중심적 논점들 일부를 소개할 것이며, 이를 통해 하나님을 창조성으로 생각하고 창조성을 하나님으로 생각하는 것이 의미하는 바가 무엇인지에 대해 더 자세히 논의하는 3장으로 독자들을 인도할 것이다.

나는 3장에서 제시한 사상들에 대해 오랫동안 숙고해왔지만 여전히 거기에는 확실하지 않은 부분이 있다. 나는 3장의 초기 원고를 관심을 가질만한 몇 명의 친구들에게 보내면서 그들이 보기에 내 글의 문제가 무엇이며, 더 발전시켜야 할 긍정적인 가치들이 있다면 어떤 것인지를 할 수 있는 한 날카롭게 비평해주기를 부탁했다. 여덟 명의 친구들이 응답해주었는데 그들 중 일부는 이 프로젝트에 대해 상당한 관심을 보인 반면, 나머지는 아주 비판적이었다. 어쨌든 그 비평들은 모두 아주 가치가 있었고 그 덕분에 나는 몇 가지 심각한 실수들을 피할 수 있었고 그 내용을 여러 면에서 개선할 수 있었다. 이 자리를 빌려서 내 친구들이 시간과 노력을 들여 응답을 해준 것에 대해 감사를 드린다. 아무튼 이런 도움으로 인해 3장은 나 자신의 힘만으로 했을 때보다 훨씬 나은 글이 되었다.2) 비록 아직도 이 모든 것이 신학적으로 어떤 의미가 있는지 여전히 불확실한 면이 있지만, 나는 이것을 일종의 사상적 실험으로 생각하면서 출판하기로 결정했다.

이 책의 에필로그에서 나는 나의 신학적 사고가 어떻게 변화되어 왔는지를 서술했다. 몇 년 전 〈미국의 종교와 철학사상 하이랜드 연구소Highlands Institute for American Religious and Philosophical Thought〉는 나의 지적인 자서전에 대해 강의해 달라는 요청을 했다. 그 뒤 여러 사람들이 내가 거기에 제출했던 글이 내가 신학적으로 시도했던 것이 무엇이었는지 이해하는 데 내 책이나 강의보다 오히려 훨씬 큰 도움이 되었다고 말해 주었고 그것을 출판하라고 요청했다. 그래서 나는 그것을 발전시켜 원래의 글보다 확장된 형태로 《미국 신학과 철학지American Journal of Theology and

---

2) 나는 꼭 필요한 도움을 준 데 대해 다음 분들께 감사를 드린다. Philip Clayton, Francis Fiorenza, James Gustafson, Van Harvey, Kimerer LaMothe, Jary Regier, Mark C. Taylor, Maurice Wiles.

Philosophy》(2001)에 기고했다. 그 글이 내가 어떻게 이 책에서 제시하는 결론에 도달하게 되었는지를 잘 보여주기 때문에 나는 그 글을 이 책에 포함시켰다.

　이 책은 여전히 진행 과정 중에 있다. 이 책은 하나님에 대한 전통적인 사고의 중심 주제를 포함하고 또한 그 위에 서 있기는 그러나 실상은 하나님을 상당히 다르게 생각한다. 곧 하나님을 존재하는 모든 것 안에 있으며 그 토대가 되는 **창조성**으로 생각한다. 나는 나의 생각을 서구의 대부분의 종교적 사고와 행동의 중심에 위치한 신이라는 상징과 오늘날의 근대적/탈근대적인 세계 이해 및 그 세계 속의 인간 삶을 밀접하고 활력 있게 연결시키는 방법들을 찾고자 하는 시도들의 하나로 여기에 제시한다. 하나님이 우리가 알고 있는 세계 속에서 여전히 활기차게 존재하며, 그로 인해 이 세계 속에 사는 우리 인간들과 적극적인 관계를 맺고 있다고 여전히 볼 수 있을 때에만 비로소 우리는 우리 삶의 방향을 하나님과의 관계 속에서 제대로 설정할 수 있으며 또한 우리의 삶을 의미 있게 질서를 잡을 수 있을 것이다. 곧 그때 비로소 우리는 하나님에 대한 확고한 믿음 안에서 살 수 있는 것이다.

프롤로그

'하나님'이라는 단어

'하나님God'이라는 단어는 영어에서 가장 복잡하고 어려운 단어 중 하나로서, 여기에는 풍부하고 다양한 의미의 여러 층위와 차원이 있다. 종교인뿐 아니라 비종교인 역시 이 단어에 많은 문제와 난점이 있으며 다양한 해석들을 할 수 있다는 점을 알고 있다. '하나님'은 영어를 말하는 모든 사람이 알고 있고 (이런 저런 모습으로) 사용하는 말이다. 그것은 일상적인 놀라움의 표현이나 종교적 묵상에서, 절망의 부르짖음이나 예배에서, 저주뿐 아니라 기도에서 사용된다. '하나님'은 인간이 그 실재와 가치 및 의미에서 궁극적인 것을 가리킬 때 가장 많이 사용하는 용어다. 그것은 때로 철저히 비인간적인 방식으로 곧잘 사용되기도 한다. 이로 인해 '하나님'이란 용어가 가진 복잡성과 사용의 풍부함을 이 서론 부분에서 모두 탐구하는 것은 불가능하다. 여기에서 할 수 있는 최선은 그 복잡한 의미의 일부를 제시하고, 그렇게 된 이유를 다소나마 소개하는 정도일 것이다.

　시대마다 특징적인 신 이해, 혹은 어떤 철학자나 신학자의 저작 속에 발견되는 신 개념에 대해서는 많은 연구가 이루어져 왔다. 그러나 지난 4천여 년의 과정 속에서 이 상징 자체가 발전되어온 양태에 대한 포괄적인 관심이나 그것이 인간의 삶과 문화에 끼친 막대한 영향력, 그리고 지금도 계속되는 영향력에 대한 연구는 거의 이루어지지 않았다. 어떤 사람들은 (그것이 일반 종교에서 여전히 막강한 힘을 분명히 가지고 있음에도) "신은 죽었다"고 쉽게 가정해 버리고 더 이상 이 상징에 주의를 기울일 필요가 없다고 본다. 반면에 자신을 하나님을 '믿는 사람들'로 여기는 이들은 전통적인 이해들을 어느 정도 이상 자신들의 삶에 당연한 것으로 받아들이기는 해도, 이 모호하고 복잡하며 많은 논쟁을 유발하는 상징이 치밀한 연구를 요구한다고는 생각하지 못하고 있다. 사람들은 전문적인 신학자들이 이 서론 부분에서 간략히 다루는 것처럼 하나님이란 용어를 탐구하리라고 생각할지 모르지만 사실은 그렇지 않다. 대부분의 신학자들은 하나의 특별한 종교전통 (혹은 상대적으로 좁은 범위의 일련의 유사 종교전통들)에서 발견되는 상징들을 설명하고 해석하는 데 관심이 있을 뿐, 이 상징이 우리의 언어와 문화 속에서 실제로 수행하고 있는 그 엄청난 다양성과 복잡성은 그들의 중심적인 연구 주제로 거의 다루지 않는다. 이 용어가 인간 삶에 지속적인 중요성을 가지고 있음에도 불구하고 여기에 대한 진지한 연구는 찾아보기 어렵다. 이 서론에서 나는 이런 연구에 포함되어야 할 몇 가지 요소들을 제시하고자 한다.

I. 언어적, 성서적 배경들

(어원이 같은 인도-유럽 언어들과 마찬가지로 대문자 G로 시작되는) '하나님'이라는 영어 단어는 대부분 고유명사로 쓰인다. 하나님은 인간들이 절박할 때 부를 수 있는 분이다. 하나님은 세계와 그 안에 있는 모든 것의 창조주다. 하나님은 피조물의 필요를 제공해 주는 보호자와 구원자이며, 온갖 종류의 악한 일을 겪는 사람들을 지탱시켜주는 분이다. 하나님은 인생에 주신 많은 축복들로 인해 마땅히 감사를 드려야 하는 분이다. 주요한 서구 종교전통들에서 하나님은 예배의 주된 대상이며, 또한 인생의 모든 큰 위기에서 최종적으로 의지할 분이다.

그러나 이 '하나님'은 과연 누구 혹은 무엇인가? 《옥스퍼드 영어사전Oxford English Dictionary》에 의하면 '하나님God'이라는 고유명사는 (영어의 말하기와 글쓰기에서 사용되듯이) 언어적으로 (보통 소문자 g로 표기되는) 그보다 더 이른 시기에 사용된 단어에서 유래한 말이다. 이 god이란 단어는 "자연과 인류의 운명을 지배하는 힘을 가진 (보통 남성으로 간주되는) 경배의 대상이 되는 초인간적 인격 혹은 신적 존재deity이다."(옥스퍼드 영어사전, 1971, 1:1161). 또한 "신적 존재deity"는 "신의 지위와 위치"에 있는 것으로 규정된다. 곧 그것은 "신성godhood, 신격godship... 신적인 성질, 특성, 혹은 신의 본성"(p. 675) 등으로 이해된다. 그런데 나는 우리의 논의를 고유명사로서의 '하나님God'으로부터 시작하고자 한다. 왜냐하면 "영어가 문자로 사용되는 기간 내내 이것이 주도적 용례"였고, 또한 이 단어의 "애초의 이방적인 의미" 곧 소문자로서의 신a god에 대한 원래 의미가 '하나님God'에 전이된 것으로 이해되기 때문이다. 즉 이런 관점에서는 소문자 신a god이 하나님의 자리로 높여진 것이거나, 아니면 하나님God에 대한 불완전한 개념이다. 다시 말해서, 글로 된 영어에서 오랫동안 이 단어의 표준적인 의미, "특별히 기독교적이며 유일신론적인 의미"는 "한 분이신 초월적 경배의 대상; 우주의 창조자이자 통치자를 가리키는 말로서 한 분이신 진정한 하나님을 이방 종교의 거짓 신들과 대조할 때 곧잘 사용되었다"(1168). 옥스퍼드 영어사전의 이런 인용문들이 보여주듯이, 성경 본문이야말로 영어에서 (구어나 문어로서) 하나님 개념의 주된 원천이었다. 따라서 성경적 이해에서 과격하게 이탈한 신 이해들은 그것이 철학적인 작업이든 신학적 작업이든 종교적인 것이든 비종교적인 것이든 관계없이, 비록 성경에서 발견되는 은유나 이미지들, 그리고 개념들과 현저하게 다른 것들을 사용한다고 해도, 영어를 사용하는 문화에서는 기본적인 성경의 이미지와 개념들의 힘에 (상당 부분) 의존해서 그 이해 가능성을 확보해 왔다.

  성경은 적어도 2000년 이상 동안 기록된 책들의 모음집이며, 따라서 '하나님'이라 불리는 분에 대한 많은 이미지들, 개념들, 사고방식들이 그 안에 들어 있다. 성경에 주로 나타나고 영어권에서 주로 사용된 하나님 개념은 대부분 유일신론적인 것이다. 그러나 성경 본문에는 성경적인 유일신론이 점진적으로 나타나기 이전의 다신론적이며 단일신론적인henotheistic[1] 흔적도 남아 있다. 이스라엘 부족들이 목축생활을 하던 초기 시대에는 하나님이 부족들의

---

1) 역자주: 여러 신들 중 한 신을 택하여 자기 종족이나 민족의 신으로 삼는 것.

신으로 이해되었다. 그 때는 "아브라함과 나홀의 하나님"이란 말(창 51:53)이 보여주듯 여러 신들이 있음이 전제되고 있었다. 십계명의 제1 계명 역시 이런 관점을 전제하고 있다. "나는 너의 하나님 여호와라... 너희들은 내 앞에서 다른 신들을 섬기지 말라"(출 20:2-3; 신 5:6-7). 이 명령은 다른 신들의 존재를 부인하지 않으면서도 이스라엘 족속은 오직 여호와만 섬기라고 말한다. 이런 종류의 신(El)은 통상 특별한 장소 및 그 장소의 전승들과 연관되어 있다. 시내산 전통의 발전과 확산은 겐 족속과 미디안 족속이 숭배했던 시내산의 지역 신을 여호와 하나님으로 이해하게 했다. 뒷날 바빌론 포로기와 포로 이후 시대에 이스라엘은 바빌론의 새로운 문화와 종교 환경의 우주발생적인 개념들을 접하면서 이 하나님이 곧 창조주라는 믿음을 확고하게 갖게 되었다. 곧 여호와만이 하나님이라는 배타적인 주장이 결국은 이스라엘 여호와 유일신앙으로 발전한 것이다.

영어 성경은 하나님을 특징짓기 위해 '주님Lord'이라는 이미지/개념을 가장 빈번하게 ('하나님'보다 더 빈번하게) 사용했다. 성경의 여러 영어 번역본들은 정통 유대인들로서는 너무 거룩하여 감히 잘 부르지 못했던 '야훼'라는 단어를 주님이라고 번역한 것이다. 하나님을 주로 '주님'이란 말로 지칭하는 것은 물론 하나님의 근본적 특성을 "우주의 창조주이자 통치자"로 이해한 옥스퍼드 영어사전의 이해와 직접 연관되어 있다. 물론 성경에는 이 외에도 하나님에 대한 다른 많은 이미지들과 개념들이 발견되지만, 그 모두는 하나님이 주님이라는 이해를 심화하고 확장하며, 또한 그것들 거의 전부가 남성적인 존재를 상정한다. 그것들 중 어떤 것은 본질상 주님이라는 말의 확장이다(왕, 권세 있는 자, 창조자, 아버지,

목자). 그러나 놀라울 정도로 다른 은유적 이미지를 가지고 있는 것들도 있다(처음이자 나중인 자, 가장 높으신 이, 거룩하신 이, 영, 사랑). 그러나 대부분의 경우 성경은 본성상 신인동형론적인 anthropomorphic 하나님 이미지/개념을 독자들에게 제시한다. 즉 하나님은 때로 팔과 다리, 눈과 귀, 코, 마음, 의지를 가진 분으로 묘사된다. 하나님은 분노, 친절, 복수, 자비의 감정을 지니신다. 하나님의 행동에는 의도성과 창의성이 있고 또한 의와 정의, 신실함, 강력한 의지, 사랑 깃든 친절함, 피조물에 대한 돌봄, 사람들과 맺은 언약을 굳게 지키려는 헌신이 있다. 간단히 말해, 하나님은 전능하고 전지한 도덕적 행위 주체자로서 온 세계를 존재하게 하고 그 세계가 만들어진 목적이 이루어질 때까지 세계 속에서, 특별히 남자들과 여자들 속에서 계속 일하시는 분으로 제시된다.

그러나 성경에는 이런 신인동형론적 이미지들뿐 아니라 아주 추상적인 많은 은유들이 있으며, 이로 인해 성경에는 인간과는 전적으로 다른 압도적인 권위와 능력을 가진 존재, 곧 모든 유한한 실재들과 구별되는 신성deity이라는 이미지/개념도 나타난다. 가령 하나님은 "나는 처음이요 나중이다"라고 말씀하는 것으로 그려진다(사 44:6; 비교 48:12, 41:4; 계 1:17, 2:8, 22:13). 하나님은 "그 안에서 우리가 살고 기동하고 그로부터 우리가 태어난" 실재로 말해진다(행 17:28). 하나님은 모든 곳에 (또한 분명히 모든 시간에) 계시며 저 위의 하늘 뿐 아니라 "바다 끝자락에도," 더 나아가 악한 자와 죽은 자가 가는 마지막 장소인 음부Sheol에도 계신다(시 139:8). 하나님은 자주 "지극히 높으신 분"으로 불리며 하늘과 땅을 만드신 분이며 존재하는 모든 것의 궁극적인 원천이다. 그런데 이런 표현들과 개념들은 (비록 **창조** 행위는 창세기 1장과 2장에서 신인동형론적인 용어들로 기술되기는 했지만) 신인동형론적이거나 인간중심적인 것, 곧 인간과 같거나 인간을 중심한 것은 아니다. 이 모두는 아주 추상적이며 단순히 그 자체로만 보면 거기에는 아무런 내용이 들어 있지 않다. 그것들이 표현하는 것은 하나님을 능가할 수 없음, 하나님의 독특성이다. 하나님은 **영원한** 존재, 곧 모든 유한한 존재와는 전적으로 다른 질서에 속해 있는 독특성이다.

그 결과로 아주 신인동형론적이거나 인간중심적인 표현들이 곧잘 강력한 수사학적인 위력을 갖게 된다. "(주님이 말씀하시기를) 하늘이 땅보다 높음 같이 내 길은 너희 길보다 높으며 내 생각은 너희들의 생각보다 높다"(사 55:9). 따라서 인간이 결코 미칠 수 없는 하나님의 불가해성이 중요한 주제가 된다. 예를 들어 신약성경에서 바울은 하나님께서는 "하고자 하시는 자를 긍휼히 여기시고 하고자 하시는 자를 강퍅케 하시니… 사람이 무엇이관대 하나님과 논쟁하고자 하는가?"라고 말한다(롬 9:18, 20; 비교 욥 38-42장). 또한 예수님은 제자들에게 하나님의 많은 활동들은 인간의 도덕이라는 잣대로 볼 때는 이해할 수 없다고 말씀하신다. 즉 "하나님은 해를 악인과 선인에게 골고루 비취게 하시며 비를 의로운 자와 불의한 자에게 똑같이 내리신다." 성경은 또한 그 누구도 하나님을 직접 만나거나 경험하지 못한다고 말한다. 요한복음 1장 18절과 요한 1서 4장 12절은 단순히 어느 누구도 하나님을 본 적이 없다고 말한다. 성경이 묘사하는 하나님의 모습은 (비록 많은 점에서 아주 신인동형론적이기는 하지만) 아주 깊은 차원에서는 인간의 이해와 오성을 넘어서 있다. "깊도다 하나님의 지혜와 지식의 부요함이여, 그의 판단은 측량치 못할 것이며 그의 길은 찾지 못할 것이로다"(롬 11:33).

이처럼 성경 안에서 사실상 하나님의 신성을 확립하는 것은 기도하고 예배하는 사람들이 무척 중요하게 생각하는 하나님의 신인동형론적이며 인간중심적인 특성들이 아니다. 오히려 인간 비슷한 특성들을 놀라울 정도로 제한시키는 표현들이 하나님을 하나님이라고 명시한다. 하나님에 대한 성경적 이미지/개념들의 본질적 구성요소인 이런 것들로 인해 예배자들의 감정과 생각 및 행위들은 그들이 궁극적인 실재, 능력 그리고 의미로 간주하는 것을 향하게 된다. 그럼에도 불구하고 하나님에 대한 신인동형론적 표현과 성경이 말하는 하나님의 행위에 대한 이야기 속에 나타나는 인간중심주의는 여전히 널리 퍼져 있다. 또한 이 점은 "하나님이 세상을 이처럼 사랑하사 독생자를 주셨으니 누구든지 저를 믿는 자마다 영생을 얻는다"(요 3:16) 같은 말씀에서 보듯이 어떤 기독교적 문헌들에서 특히 강화되어 있다.

성경의 하나님은 아주 다른 많은 사회문화적 컨텍스트들 속에서 궁극적인 실재와 능력이자 인간에게 궁극적 권위를 가진 존재로 여겨져 왔다. 그러나 부분적으로는 하나님을 특징짓는 데 사용되는 성경 안의 이미지들과 개념들이 너무 다양하며, 이런 다양성이 필연적으로 여러 종류의 긴장들을 유발한다는 점에서 하나님이 어떻게 인식되고 이해되어야 하는지에 대해서는 언제나 날카로운 불일치가 있어 왔다. 실상 이 문제로 인해 이단자들이 화형당하거나 수장되었고 끔찍한 전쟁들이 일어났으며 소위 불신자들이 박해를 받고 고문당하고 살해당했고, 노예제도와 종족학살이 자행되었다. 이 모두가 성경이 말하는 거룩하고 의로우신 하나님의 이름으로 자행되어 온 것이다. 창조주, 보존자, 모든 종류의 악으로부터의 인간의 구원자로 주장된 하나님이 많은 경우 다른 인간을 향해 철저하게 피에 굶주린 전쟁을 행하도록 '승인하는' 분으로 여겨졌다. 반면에 이 하나님은 또한 부정의와 독재에 대한 저항을 이끌고 더 책임적이며 인도주의적인 인간의 삶의 방식을 이루기 위한 운동의 영감을 제공하기도 했다.

II. '하나님'이라는 단어 속의 세 가지 의미 가닥들

우리는 지금까지 영어권에서 사용되는 '하나님'이라는 단어의 의미를 구성하는 한 가지 요소, 곧 사회문화적, 개인적, 그리고 종교적-영적인 에너지와 창조성, 능력, 그리고 권위를 제공했을 뿐 아니라 이 복잡한 의미를 가진 단어에게 기본적인 구조와 많은 이미지들을 부여한 성경적인 의미 가닥을 살펴보았다. 그런데 서구 문명의 형성기 동안 이 상징을 주로 보존했던 기독교 운동은 그리스와 로마 (및 유대교) 전통과 실천으로 인해, '하나님'이라는 이미지/개념의 사용과 이해를 포함하여, 헬레니즘 문화에서 주된 종교적, 사회문화적인 세력으로 성장하게 되었다. 이로 인해 이미 아주 복잡했던 '하나님'이라는 용어는 그 의미의 층들과 용례들에서 훨씬 더 정교하고 복잡하게 되었다.

사람들은 곧잘 하나님과 관련된 다양한 생각과 느낌을 철학자 파스칼(Blase Pascal, 1623-1662)의 말처럼 "아브라함과 이삭과 야곱의 하나님"(곧 성경이 말하는 하나님)과 "학자들과 학자들의 하나님"(파스칼의 회상록, 1670, 1995)으로 분류하고 평가할 수 있다고 말한다. 그러나 서구의 종교 역사 속에서 그리스 전통과 히브리 전통은 아주 복잡하게 얽히고설켜서 이 단어의 다양한 의미 차원을 그렇게 단순하게 해결하려고 하면 결국 실패할 수밖에 없다. 가령 삼위일체라는 단어의 사용에 대해 생각해 보자. '삼위일체'는 성경에 나오는 용어가 아니며 그리스(및 라틴)의 철학적 성찰에서 기인한 여러 용어들, 가령 우시아*ousia*, 휘포스타시스*hypostasis*, 실체, 본질, 인격, 양태 등에 대한 고도의 기술적, 신학적-정치적 논의의 결과로 그 의미를 확보하게 된 용어다. 그러나 동시에 "복되신 삼위일체" 같은 표현에서 볼 수 있듯이 이 말은 보통의 예배자들이 예전에 참여하고 기도드릴 때 널리 사용하는 말이기도 하다. 이와 비슷하게 "한 인격one person" 안의 "두 본성two natures" 같은 전문적인 철학적 언어 역시 (예배에서 곧잘 중심적인 자리를 차지하고 있는) 역사적 신조들에서 발견된다. 이처럼 철학적 사상들과 주요한 경건한 활동 및 실천은 서로 통합되어 왔다. 성경 자체에서도 앞에서 살펴본 것처럼, 아주 추상적인 개념들이 주도적인 인간중심적인 이미지를 규정할 뿐 아니라 꼭 필요한 기능을 감당하고 있다. 사람들은 그리스의 하나님 이해는 철학적이어서 하나님을 불변하시는 분으로 이해하지만, 성경적 이해는 신인동형론적이어서 예배에는 적합하나 다른 경우에는 적합하지 않다고 말하기도 한다. 그러나 이런 생각은 성경, 특별히 신약성경 속에 헬라 문화와 철학적 관점이 깊이 침투해 있음을 간과하고 있으며 동시에 그리스 신화 속에도 신인동형론적이며 다신론적인 이미지들이 많이 있다는 점을 간과한 생각이다.

어떤 사람들은 여전히 서구의 언어와 문화 속에 '하나님'이란 상징이 가져온 이런 다양한 역사적인 가닥들을 하나씩 구별하기를 원한다. 그러나 그런 식으로 해서 문제가 해결될 것 같지는 않다. 왜냐하면 오늘날 '하나님'이란 단어가 사용될 때 그것은 어쩔 수 없이 이 복잡한 의미들의 흔적을 모두 담고 있기 때문이다. 오히려 하나님을 신인동형론적인 개념이나 이미지로 보는 것과 철학적인 개념으로 보는 것은 서구 역사의 모든 시기 곧 유대, 헬레니즘 시기, 고대 로마뿐 아니라 중세, 종교개혁 시기 및 근대 시기에 모두 발견된다고 보는 것이 더 적절하다. 실상 이 단어의 의미들의 풍요로움과 서로 깊이 연관되어 있는 복잡성이야말로 이 단어가 인간의 삶과 실천에 계속된 중요성을 가지고 있는 이유이다.

따라서 '하나님'이란 단어가 가지고 있는 의미의 다양한 가닥들의 역사적 뿌리를 정확하게 파악하려 하기보다 서구 역사 과정 속에 발생한 세 가지 복합적 의미complex의 형태들, 혹은 긴장들을 살펴보는 것이 더 바람직한데, 그들 모두는 오늘날 '하나님'이란 단어의 의미를 구성하는 데 중요한 역할을 했다. 첫 번째 복합적 의미는 이미 언급한 바 있지만, 하나님 인식에 대한 대중적 이미지들과 모형들 및 더 성찰적이고 철학적인 언어 사이의 구별과 연관되어 있다. 어떤 대중적 이미지들은 특정한 기간에만 주도적으로 사용된 것으로 보이며, 이런 차이들은 그 자체로 각 시대의 특징적인 사회 정치적 실천과 신념과 연관되어 있다. 철학적 범주들과 태도들 그리고 질문들 역시 시간이 지남에 따라 급격하게 바뀐다. 예를 들어 현대 과학과 철학이 하나님에 대한 성찰적 사고뿐 아니라 대중적인 사고에 얼마나 엄청난 영향을 미쳤는지 생각해 보라.

두 번째 복합적 의미는 하나님에 대한 언어가 인간의 주체성 및 창조성에 대한 이해와 맺는 관계와 연관되어 있다. 고대 사회에서는 하나님이 곧잘 (플로티누스나 어거스틴의 경우처럼) 내적인 분으로, 따라서 바로 직접적으로 영혼 안에 내재하시는 분으로 가정되었지만, 근대에 들어와서는 이런 사고방식은 점점 문제 있는 것이 되었다. 인간 주체성은 (데카르트에서 칼 라너에 이르기까지) ('하나님' 자신이 아니라) 무한에 대한 의식을 깊이 가지고 있고 이런 의식이 점진적으로 발생하는 데 인간의 언어가 창조적이며 구성적인 역할을 한다는 비판적인 의식이 점점 커져갔다.

이런 발전은 세 번째 복합적 의미인 **부정신학**negative theology, 곧 하나님에 대한 인간의 모든 언어와 사상은 언제나 부적합하다는 깨달음으로 우리를 인도한다. 이 주제는 기원 후 첫 몇 세기에 시작하여 모든 시대에 나타나며, 근대/탈근대에서는 그 모습을 바꾸어 나타난다. 그러나 그 사이에 중요한 변화가 일어났다. 즉 이전에는 신학적 탐구의 대상인 하나님의 속성에 초점을 맞추었다면, 오늘날에는 인간의 모든 지식의 본래적인 한계성에 초점을 맞추는 것으로 그 강조점이 바뀌었다.

이런 세 가지 복합적 의미들은 서로 합하여 오늘날 '하나님'이라는 용어가 가져오는 긴장과 복잡성 그리고 영향력에 중요한 영향을 미치며, 또한 그 의미를 구체화하고 명확하게 하기가 사실상 어렵다는 그 본래적 미결정성indeterminateness에도 영향을 미친다.

III. 철학적 하나님 이미지와 대중적 이미지 사이의 갈등

초기 기독교 신학자들은 그들의 하나님 이해를 정교하게 하기 위해 그리스의 철학적 사유를 매우 선택적으로 받아들였다. 그들은 회의주의자들과 에피쿠로스 철학자들을 비판하면서도 하나님의 섭리에 대한 스토아 철학의 언어와 사고의 일부 요소를 받아들였다. 무엇보다도 그들은 대중들 속에 널리 퍼져 있는 그리스와 로

마의 신화적 언어를 비판하는 데 도움이 된다고 보아, 플라톤과 신(新)플라톤주의를 채택했다. 곧 그들은 그리스-로마 시대의 다신론을 비판하기 위하여 일치를 강조한 신플라톤 철학을 받아들였으니, 이는 하나님을 "한 분이며 변치 않는" 분으로 생각하는 것이 특정 도시나 지역 혹은 사람들을 돌본다고 여겨진 여러 신들의 행위에 대해 말하는 대중적인 언어와 날카롭게 대조되었기 때문이다. 초기 그리스도인들은 '무신론자들'이라 불렸는데 이는 그들이 그리스 도시국가들의 신들의 존재를 거부함으로써 그리스-로마의 신들에 대한 통속적인 믿음을 훼손했기 때문이다. 그러나 그리스도인들이 플라톤 철학을 수용함으로써 큰 문제가 생기기도 했다. 예를 들어, 예수 안에서 하나님이 성육신했다는 것은 시간과 역사와 물질의 세계에 들어오실 때 하나님이 **변화되었음**을 의미했다. 이 점을 이해하려는 가운데 (하나님에 대한 기독교적 사고의 가장 분명한 표현으로 곧잘 간주되는) 삼위일체 개념이 점차로 발전하게 되었다. 그러나 삼위일체 하나님에 대한 그리스도인의 믿음은 다시 하나님의 단일성oneness을 말한 헬라적 사상과 조화를 이루어야 했다.

하나님의 단일성에 대한 확언은 수학 용어로 모든 것을 설명하려고 한 피타고라스적인 방법론을 채택한 플라톤에게로 되돌아가게 했다. 모든 실재, 진리, 그리고 선의 궁극적인 원리는 모든 수의 시작이자 기원인 일자the One에서 발견되어야 했다. 만물의 기원이자 원천인 하나님은 그 어떤 존재에도 의존하지 않는 유일한 궁극적 존재로서, 시작도 변화도 없고 부분들로 나누어질 수도 없으며 모든 영원으로부터 존재해야만 했다. 신에 대한 이런 그리스적 이해는 출애굽기가 말하는 성경적 하나님, 곧 유대교 신학(알렉산더의

필로, 기원전 20-기원후 54)과 기독교 신학이 함께 말하는, 스스로 있는 자(He Who Is. 출 3:14)와 연결되었다. 또한 하나님의 단일성에 대한 철학적 강조는 통속적인 정치적 함의를 가졌다. 즉 그것은 로마의 군주제와 연결되어, 우주의 유일한 신적 통치자와 땅 위의 한 명의 황제는 긴밀하게 연관되어 보였다.[2] 이런 점에서 동방교회에서의 삼위일체론에 대한 논쟁은 기독교 정통주의와 연관된 논점일 뿐 아니라 정치적 유일신론political monotheism에 대한 비판과 연관된 것이기도 했다.

중세기에 와서 '하나님'이라는 용어에 대한 대중적인 사용과 철학적 언어 사용 사이를 구별하는 것이 중요하게 되었다. 캔터베리의 안셀름(Anselm of Canterbury 1033-1109)은 '하나님'이라는 통상적 용어 대신에 그의 논증에 더 적절한 철학적인 용어들을 꾸준히 사용했다. 그는 신성을 가리키는 말로 최고의 본질*summa essentia*, 최고의 영*summus spiritus*, 선 자체*ipsum bonum* 같은 말을 사용했다. 이처럼 철학적 언어와 통상적 언어의 사용을 구별하는 것은 토마스 아퀴나스(122-1274)에게도 분명히 나타난다. 그는 몇 가지 신 존재 '증명' 혹은 '방법'에서 부동의 동자unmoved mover, 제1 원인first cause 등의 용어를 사용하면서 이 용어들이 "모든 사람이 하나님이라 부르는 존재"를 가리킨다고 결론 맺었다.

그러나 일반인뿐 아니라 학식 있는 신학자들도 중세 봉건사회에서 기인한 신에 대한 대중적 사고를 받아들이고 있었다. 안셀름의 고전적인 속죄론인 만족설은 명예와 빚을 강조하는 중세적인

---

[2] 역자주: 하나님이 한 분이면 땅 위의 정치 지도자 역시 로마 황제 한 명으로 족하다고 함으로써 로마 황제의 통치를 신학적으로 정당시할 수 있었다는 말이다.

정의 개념에 기초해 있다. 곧 그는 사람의 죄는 하나님의 명예에 대한 (무한한) 손상이므로 하나님에 대해 진 빚 역시 무한한 빚이며, 따라서 성육신하신 하나님만이 이를 만족시킬 수 있다고 가르쳤다. 토마스 아퀴나스는 신적인 작인divine casuality을 신플라톤적이며 아리스토텔레스적인 개념들로 생각했지만, 하나님의 섭리를 설명할 때는 목표를 설정하는 왕에 대한 통상적 이미지를 차용하기도 했다. 장 드 게르송(Jean de Gerson 1363-1429) 역시 '하나님'이란 전통적 용어를 계속 써야 한다고 주장하면서 절대적인 지배자처럼 세계를 통치하시는 하나님의 주권성의 중요성을 확언했다. 반면 니콜라스 쿠사(Nicloas of Cusa 1401-1464)는 '하나님'이란 용어를 포함하여 신에 대한 모든 언어의 부적절성을 강조했고 이로 인해 그는 신을 서술하기 위해 최대한 많은 용어를 도입해야 한다고 보았다. 그는 그 중에서 "최대와 최소가 똑같은*maximum pariter et minimum*," "한 절대*unum absolutum*"를 제일 선호했다(Nicholas of Cusa 1440, 1954, 1:4).

앞에서 본 것처럼 중세신학은 하나님에 대해 말하고/생각하는 철학적 방법들과 계시된 하나님 사이의 종합을 시도했다. 그러나 이런 종합은 윌리엄 오컴(William of Ockham 1285-1347) 등이 대변하는 중세 유명론medieval nominalism의 등장과 함께 무너져버렸다. 오컴은 구원에 무엇이 필요한지를 결정하는 것은 하나님의 자유의지뿐이며, 하나님의 이런 자유로운 선택은 하나님의 계시를 통해서만 분별할 수 있다고 보았으며, 이런 생각은 인간 본성이 죄로 인해 철저히 타락했으며 인간들은 하나님을 오직 계시를 통해서만 알 수 있음을 역설하는 개신교 종교개혁의 철학적인 배경이 되었다. 마르틴 루터(1483-1546)는 하나님을 신학적이며 철학적 언어로 말하고 생각할 수 있게 했던 인과론적이며 존재론적 근거 대신에 하나님의 자유로운 행위를 강조하였다. 장 칼뱅(John Calvin 1509-1564)은 인간들에게 하나님을 인식할 능력이 있고 창조 세계 역시 하나님의 존재를 증거하고 있음을 말하지만, 이런 모든 자연적인 지식은 죄에 의해 왜곡되고 제약되어 하나님에 대한 참된 지식에 이르지 못한다고 말했다. 그는 하나님에 대한 참된 지식은 성경에 기록되어 있으며, 학식을 갖춘 신학자나 신령한 신비가뿐 아니라 모든 믿는 자에게 주어진다고 말했다. 따라서 개혁자들은 하나님을 절대적인 단순성absolute simplicity이나 존재의 일치unity of being의 원리 같은 범주들로 이해하기보다는 (여러 나라의 왕들이 왕권을 강화해 가던 당시의 정치적 상황과 맞물려서) 주권적 의지를 가진 하늘의 유일한 군주Divine Monarch with a sovereign will 같은 분으로 이해했다. 다시 말해서 헤아릴 길 없는 의지와 자유를 가진 주권자 하나님이란 사상이 신적 단순성과 모든 존재의 창조되지 않은 원리의 통일성unity of the uncreated principle of all Being 같은 신에 관한 언어와 개념들을 제치고 전면에 등장하게 된 것이다.

16세기와 17세기에 사람들은 구교와 신교 사이의 전쟁으로 인해 정치적으로 종교적인 관용을 받아들이게 되었다. 그들은 또한 신앙고백서의 교의적인 주장들을 비판적으로 보기 시작했다(대부분의 신앙고백서는 "대중이 알아들을 수 있는" 언어로 서술되었다). 지금 우리의 관심사와 연관해서는 근대 초기의 두 운동인 계몽주의Enlightenment와 경건주의pietism가 중요하다. 경건주의는 곧잘 계몽주의에 대한 반동으로 시작된 것으로 여겨지지만, 이 두 운동은 하나님을 생각하는 방식에서 유사한 면이 있다. 곧 둘 다 (인간의 의식을 분석하거나 믿는 자의 종교경험에 집중하면서) 종교적 주관성religious subjectivity을 강조했고 또한 신앙의 실제적인 연관성(현실적합성)practical relevance을 중요하게 여겼다. 그 가운데 하나님에 대한 친근한 인격적인 언어가 더 많이 사용되기 시작했고 이는 종교개혁 시대, 특히 종교개혁 좌파에서 더욱 그러했다. 이신론deism은 하나님을 시계공watchmaker이라는 인간적 이미지로 표현했으며, 경건주의는 가족 관계에서 나타나는 인격주의적 은유들을 사용했다. 그러나 이런 공통분모에도 불구하고 수사적 표현과 사고에서 계몽주의와 경건주의 사이의 날카로운 차이는 하나님에 대한 대중적인 이미지와 이런 언어에 대한 철학적 비판 사이를 날카롭게 분리시켰다. 헤겔(George W. F. Hegel 1770-1831)은 그의 종교철학에서 이런 분리를 극복하고자 했지만, 철학적인 성찰과 대중적인 종교 언어 사이의 분리는 근대에 들어와 지배적인 것이 되었고, 그 가운데 하나님에 대해 말하고 사고하는 방식들은 아주 다양하게 나타났다.

찰스 다윈Charles Darwin의 진화론의 등장으로 인해 설계design에 기초한 자연신학은 끝난 듯 보였다. 그러나 세계에 대한 과학적 이해에 근거하여 신을 철학적 범주로 이해하려는 시도들은 여전히 계속되었다. 가령 윌리엄 제임스William James는 실용주의와 종교에 관한 그의 저술들을 통해 종교와 신에 대한 과학적이며 민주적 개념을 제시한다. 그는 《종교경험의 다양성The Varieties of Religious Experience》(1902)에서 종교경험은 특수하고 결코 다른 것으로 환원될 수 없는 성격을 가지고 있으며 인간 의식을 확장시킨다고 지적했다. 그는 또 《다원적 세계A Pluralistic Universe》(1909)에서 그 이전의 존 스튜어트 밀처럼, 다원화된 세계 속의 유한한 존재로서의 신이란 개념을 발전시켰다. "보통 사람들의 종교생활에서 신은 모든 것의 이름이 아니라 만물 속의 이상적인 성향을 의미한다"(124쪽). 제임스는 "'전지'하고 '전능한' 신이라는 개념을... 철학-가게의 질병"으로 간주했다(James, 1920, 269).3) 그가 바라본 다원적 세계에서 신은 지식과 능력에서 유한하지만 인간의 적극적 응답을 요청하시는 실재를 의미한다. 따라서 그에 의하면 인간은 신과 연합하여 세상에 어떤 변화를 가져올 수 있다.

양자이론quantum theory은 뉴턴 물리학의 기계론적 세계관을 종식시켰고, 신이 변화 과정 속에 있다는 생각을 발전시키게 했다. 전통적인 유신론이 신의 불변성과 무한성과 더불어 신적 단순성을 강조한 데 비해, 알프레드 노스 화이트헤드(Alfred North Whitehead 1861-1947)와 찰스 하트숀(Charles Hartshorne 1897-2000)은 (절대적이고 영원하며 변치 않는) 신의 추상적 본성abstract essence of God과 시간적이고 상대적이고 변화하며 유한한 실체들의 결정에 의존하는 신의 구체적 현실성God's concrete actuality을 구별했다. 하트숀은 한 걸음 더 나아가, 하나님에 대한 그의 언어가 고전적 유신론의 경우보다 더욱 성경적이며 인격적이라고 주장했다. 화이트헤드의 이해에 의하면, 하나님은 모든 각각의 현실적 계기actual occasion에게 최선이 될 수 있는 가능성을 부여하지만 결코 유한한 계기들의 자기실현을 통제하거나 강압적으로 결정하지 않는다. 신은 오직 설복할 뿐이며, 이 세계에 일어나는 사건들을 완전히 통제하지 않는다. 따라서 이런 입장에서는 세계에 악이 존재한다는 것과 신이 세계에 대해 선하시다는 것은 모순되지 않고 양립할 수 있게 된다.

---

3) 우리의 동료인 David Lamberth 덕분에 이 인용문을 알게 되었다.

지금까지 말한 것들과 그 밖에 비슷한 발전들 속에는 신에 대한 대중적 이미지와 성찰적 이미지가 서로 뒤섞여 있을 뿐 아니라 서로 자양분을 주어 촉발시키고 있고, 그 가운데 하나님에 대해 말하고 생각하는 아주 다양한 방식들이 태어나고 있다. 이렇게 함으로써 a) '하나님'이란 말의 의미는 사방으로 확장되어 그 사용에서 새롭고 풍성한 가능성을 열어줌과 동시에 그 사용에 대한 생각의 불일치도 유발했다. 이로 인해 신이라는 단어를 여전히 유용하게 사용할 수 있는 말인지 의심하는 사람들이 많이 나타났다. 그럼에도 불구하고 이 상징은 아직도 서구 문화, 특히 북미에서 강력한 힘을 가지고 있으며 서로 다른 관심사들을 가진 신학자들과 철학자들은 하나님이라는 말이 오늘날 인간의 삶에 가지는 의미를 찾기 위해 계속해서 진력하고 있다.

IV. 주관성과 '하나님'이라는 단어

고전적 전통은 그 이전의 하나님에 대한 개념들과 이미지들 속에 나타나는 신인동형론과 인간중심주의와 더불어 인간 영혼의 영성에서 영이신 하나님을 아는 길을 찾았고, 또한 이런 생각은 (특히 '성찰적' 사용에서) '신'이란 용어가 사용되는 방식에 결정적으로 영향을 미쳤다. 이런 강조는 비록 이제는 인간 지성intellect의 역동성이 더 강조되기는 했지만 근대까지 계속되었다. 곧 경험을 통합하려는 시도 가운데 인간의 지성이 하나님 개념의 원천으로 여겨진 것이다. 이런 근대적 발전은 인간의 모든 지식이 사회적이며 언어적인 특성을 가지고 있다는 점에 대한 탐구와 함께 역사적 연구와 지식사회학을 향한 문을 열었다. 곧 하나님에 대한 언어가 갖는 사회적이며 정치적 특성뿐 아니라, 이 언어가 채택하는 다양한 이미지들이 인간의 삶에 미치는 실제적 결과들이 탐구되기 시작했으며, 이 모든 것들은 '하나님'이란 용어의 오늘날의 의미와 용례에까지 영향을 미치고 있다.

고전 시대의 기독교 저술가들은 하나님을 영Spirit, 곧 물질성이 전혀 없는 순수 존재로 보았기에, 인간 자아에 대한 성찰을 통하여 하나님에 대한 이해를 얻고자 했다. 성 어거스틴(354-430)은 그의 《자유의지에 대하여On Free Choice of the Will》에서 인간의 속성들 중 가장 귀하고 선한 것은 지성intelligence이며, 이 지성은 그 보다 높은 실재, 곧 영적이고 영원하며 변하지 않는 하나님에게 의존해 있다고 보았다((388-95) 1993, 2.37-15.39). 영혼은 하나님의 형상이기에 어거스틴은 그의 《삼위일체론The Trinity》에서 삼위일체의 신비는 어느 정도는 인간 영혼의 유비analogy를 통해 이해될 수 있다고 주장했다. 곧 자기 지식self-knowledge, 자기 기억self-memory 그리고 사랑의 자기 확언loving self-affirmation이 상호 연관되듯이 아버지, 아들, 성령도 서로 연관되어 있다고 보았다(400-16 1963). 즉 영혼의 자기 자신에 대한 지식은 하나님에 대한 지식과 존재에 대한 참된 사상으로 인도한다고 본 것이다.

그러나 근대로 접어들면서 인간 주관성을 통해 하나님께로 나아가고자 한 이런 접근법은 결정적인 변환을 맞게 된다. 르네 데카르트(Rene Descartes 1596-1650)는 참된 지식의 토대를 찾기 위해 의심할 수 있는 모든 것을 의심했고, 마침내 "나는 생각한다. 고로 나는 존재한다"라는 결코 의심할 수 없는 하나의 명제에 도달했다. 그런 다음 그는 분명하게 인식되는 진리의 기준을 설정하고, 또한 결코 속이지 않는 무한히 완벽한 존재인 하나님의 존재하심을 확보한 다음 이런 무한자 관념을 모든 유한한 대상들에 대한 지식의 조건으로 내세웠다(곧 대상들은 이 관념과의 관계에서만 제한적으로 서술된다). 데카르트의 이런 접근법은 근대 서구에 두 가지 유산을 남겼다. 1) 지식을 안전한 토대들과 명확하고 분명한 관념과 동일한 것으로 보는 **토대주의**foundationalism, 2) 하나님에 대한 지식의 근거가 되는 인간 주관성에 대한 강조였지만, 그러나 그 가운데 자연세계는 "신이 계시지 않는 곳"이 되어버렸다.

주관성의 중요성에 대한 이해의 이러한 결정적인 변화는 다른 문화적 발전들과 연관되어 있다. 뉴턴적이며 기계적 세계관이 점차로 유일무이한 과학적 입장으로서의 지위를 확보함에 따라 유신론theism에서 이신론deism으로의 변화가 이루어졌다. 원래 '이신론'과 '유신론'은 동의어였으나, 점차 '이신론'은 신이 세계와 직접적이며 지속적인 인격적 관계를 맺지 않는다는 관점을 가리키게 되었다. 이신론에서 하나님은 곧잘 시계공으로 묘사되었다. 시계가 일단 만들어지면 그 자체의 메커니즘을 따라 움직일 뿐이지 시계공을 더 이상 필요로 하지 않듯이, 하나님은 자연법칙을 설정한 다음에는 그것을 거슬러서 곧 기적적으로는 관여하지 않으신다. 데이비드 흄(David Hume 1711-1776)은 인과율causality에 대한 형이상학적 관점에 대한 비판과 기적에 대한 반대 논증을 통해 **자연주의적**naturalistic 세계관을 선도했다. 19세기에 접어들어 찰스 다윈의 진화론은 자연신학들을 더욱 약화시켰고, 신적인 목적론divine teleology 대신에 진화를 말하게 했다. 자연과학에서의 이런 발전들로 인해 하나님은 물질세계의 질서와 설계에서 완전히 제거되었다. 기독교 신학은 오랫동안 감각적이며 물질적인 세계 속의 하나님의 흔적과 인간 영혼 속의 하나님의 형상을 구별해 왔지만, 근대에 와서 이런 구별은 깨어져버렸고, 하나님의 자리는 인간 안의 주관성, 곧 객관성을 전혀 갖지 못하는 경건한 주관성 안으로 축소되어버렸다.

이런 흐름 속에서 슐라이어마허(F. D. E. Schleiermacher 1768-1834)는 종교의 자리를 인간의 감정, 곧 정서가 아니라 우주의 전체성the totality of the universe과의 관계 안에서의 즉각적인 자기의식 혹은 자신을 경험하는 방식에서 찾는 탈계몽주의적 이해를 추구했다. 이제 경험의 종교적 차원이 신에 대해 말하는 자리가 되었다. 그는 《종교론On Religion: Speeches to Its Cultured Despisers》(1799)에서 전능하신 인격이란 관념을 '우주universum' '무한infinite' '세계-영혼world-soul' 그리고 '전부All' 등의 용어로 대체했다. 이런 용어들은 인격적 하나님보다 우주의 통일성과 무한성에 더 많은 관심을 보인다. 이렇게 함으로써 그는 이전에 스피노자(Baruch Spinoza 1632-1677)가 발전시켜서 광범위한 영향을 미쳤던 사상을 받아들인다. 그러나 헤겔(G. W. F. Hegel)은 계몽주의의 형이상학 비판과 종교적 감정 위에 하나님의 언어를 정초하는 것은 하나님이란 관념의 본래적인 의미를 박탈하는 것이라고 주장했다. 그에 의하면 기독교에서 신성이란 관념은 신적인 본성과 인간적인 본성의 연합이다. 그것은 정태적인 구조가 아니라 "자기를 타자화 한 다음"self-othering 다시 자기와 화해하는 삼위일체적 운동movement이다. 따라서 '표상representation'과 객관화objectification로서의 종교적 믿음에 원래 현존하는 것은 그 표상하는 것의 타당성을 초월하는 하나의 (철학적) 개념concept으로 고양된다. 영으로서의 신은 삼위일체적이며, 신에 대한 이런 개념을 통해 헤겔은 신과 세계, 무한과 유한 사이의 관계에 대한 이분법적인 이해를 극복할 수 있다고 보았다.

그러나 헤겔 이후 헤겔좌파 운동은 브루노 바우어(Bruno Bauer 1809-1882), 칼 마르크스(Karl Marx 1818-1883), 그리고 루드비히 포이에르바하(Luwig Feuerbach 1804-1872) 등의 종교 비판에서 보듯이 신에 대한 언어적 표현이 사회적 구성물이라고 말했다. 포이에르바하는 그의 책 《기독교의 본질*Essence of Christianity*》(1841)에서 인간이 신의 것이라고 신에게 돌리는 속성은 사실상 그들이 가장 가치 있는 것으로 여기는 인간적 특성들이다. 가령 신이 사랑이라고 말할 때, 그들은 사랑이야말로 신적인 것이라고 확언하는 것이다. 그러나 인간 아닌 다른 대상에게 이런 특성들을 투영함으로써 그들은 인간을 그 자신뿐 아니라 자연세계로부터도 소외시킨다. 이렇게 함으로써 포이에르바하는 신에 관한 언어의 구성적 성격을 드러낼 뿐 아니라 이런 언어가 가진 소외시키는 결과도 드러낸다. 프리드리히 니체(Friedrich Nietzsch 1844-1900)는 "신은 죽었다"는 그의 선언(헤겔 역시 이미 이런 선언을 했다)과 기독교 유신론은 통속적인 플라톤주의에 불과하다는 비판을 통하여 종교적 믿음을 더욱 철저하게 비판한다. 그는 "권력에의 의지"에 대한 분석을 통해 어떻게 유신론적인 가치들과 믿음들이 인간을 자연과 생명으로부터 소외시키는 지배적인 능력을 가져오는지를 보여주고자 했다.

1차 세계대전 이후 전쟁이 가져온 문화적 위기의 영향 속에서 앞에서 말한 여러 발전들에 대한 강력한 '신정통주의적' 저항이 일어났다. 칼 바르트(1886-1968)는 《로마서 강해》 초판(1918, 1933)에서 신과 모든 인간적인 것 사이에는 "무한한 질적 차이infinite qualitative distinction"(키에르케고르의 용어)가 있으며, 하나님은 오직 하나님 자신의 행위 곧 신적 계시를 통해서만 알려질 수 있다고 주장했다. 바르트는 이렇게 함으로써 인간 주관성과 종교경험에 기초한 인간중심주의적인 신학들을 극복하려 했지만, 아이러니하게도 그는 이 일을 인간중심적인 은유 위에 근거해 있는 완전한 자의식과 의지를 가지고 자기를 계시하는 존재, 곧 초월적 주체자a supreme Subject라는 신 이해를 사용함으로써만 달성할 수 있었다. 곧 신정통주의는 근대 신학이 인간 주체성과 하나님에 대한 언어를 '인간화humanization' 하는 것을 비판했지만, 그것 역시 하나님을 이해함에 있어서 근대의 (인간적으로 이해된) 주체성이라는 범주들을 채택함으로써 그런 강조점을 모방했다. 중세 전통이 하나님을 "존재의 존재to be of being"로 해석한 데 비해, 바르트는 인간 주체성을 강조한 근대 신학을 극복하려는 가운데 하나님을 본질적으로 이런 근대적 용어들과 똑같은 방식으로 인식한 것이다.

바르트가 유럽에서 그의 계시신학을 전개하고 있던 때에 미국에서는 새일러 매튜(Shailer Mathews)가 그의 책 《근대주의의 신앙 The Faith of Modernism》(1923)과 《신관의 성장 The Growth of the Idea of God》(1931)을 통해 종교에 대한 사회과학적 연구는 특정 사회의 사고 경향mind-sets과 종교적 믿음 사이의 관계를 탐구해야 한다고 주장했다. 새일러 매튜는 셈(히브리)적, 헬레니즘적, 제국적, 농경문화적, 국가주의적, 부르주아적, 그리고 과학적-민주적인 사회의 사고 경향에서 하나님 관념이 어떻게 나타나는지를 조사했다. 세계를 하나님과 사탄 사이의 대립과 갈등이라는 관점으로 보는 셈적 사회의 사고 경향에서 그리스도는 메시아적 왕으로 나타난다. 반면 헬라 사회의 사고 경향에서 메시아에 대한 기대는 하나님의 창조적인 '말씀'인 로고스 개념으로 바뀐다. 제국 시대의 사고 경향은 하나님을 온 우주의 황제로 보고, 중세 봉건사회는 하나님을 봉건영주처럼 보는 가운데 속량을 그분의 명예와 연관하여 이해하며, 국가주의적인 사고 경향은 하나님을 절대적 권위를 가진 정치적 군주로 이해한다. 매튜는 그의 조사를 과학적이며 민주적인 사회의 사고 경향에 관한 연구로 끝맺는다. 그는 신학의 과제는 하나님을 당대의 주도적인 사고방식과 일관성 있게 연관시켜 이해하는 데 있다고 보았다. 1915년에 그는 민주적 형태를 중요하게 여겼으나, 1930년에는 과학적 형태를 강조했다. 그의 주장을 통해 우리는 근대가 인간의 의식과 종교 언어, 사회의 사고 경향과 종교적 믿음 사이에 긴밀한 상호 연관성이 있음을 인식하게 되었다. 그는 하나님에 대한 개념이 언제나 그 문화에서 이용 가능한 은유로 표현되고 있다는 점을 보여주었으며, 또한 신학자들과 다른 사람들이 특별한 역사적 컨텍스트에서 '하나님'이라는 용어의 의미를 확인하고자 (곧 구성하고자) 하는 가운데 이루어지는 신학 방법론에 대한 성찰과 그 구성은 당대의 사회적, 정치적 제도들과 조건들을 고려해야 한다는 점을 보여주었다.

하나님에 대한 언어가 사회적이며 언어적 조건의 영향을 받는다는 데 대한 방법론적 인식은 20세기 들어와 종교 언어의 본성에 대한 논의가 시작됨에 따라 본격적으로 이루어졌다. 어떤 사람들은 '한계limit' 경험 같은 특별한 유형의 언어를 검토하는 가운데 종교적 언어나 신에 대한 말이 가진 특수성을 탐구하려고 했다. 그런가 하면 어떤 사람들은 종교 언어가 화자의 특수한 실존적 헌신과 명제적 확언을 포함하고 있는 언행speech-acts을 포함하고 있는지를 연구했다. 반면 종교 언어는 본질주의적essentialistic 용어들로 정의될 수 없기 때문에 본질주의적 방식으로 그것을 말하거나 생각하는 것은 잘못된 것이라고 주장하는 사람들도 나타났다. 가령 루드비히 비트겐슈타인Ludwig Wittgenstein은 종교 언어는 언제나 삶의 실천의 한 부분이며 특별한 컨텍스트 안에서만 이해될 수 있다고 한다. 반면 어떤 사람들은 은유들이 가진 개방성과 창조성을 강조한다. 폴 리꾀르Paul Ricoeur는 하나님에 대한 성경의 언어를 그 문학적 양식과 은유가 가진 창조성을 따라 탐구할 것을 제언했다. 그런가 하면 샐리 맥페이그Sallie McFague의 책 《하나님의 모델들Models of God》(1987)과 고든 카우프만의 《신비에 직면하여: 구성 신학In Face of Mystery: A Constructive Theology》(1993)은 하나님에 대한 말은 기본적으로 은유적인 용어들이라고 주장했다.

사람들은 하나님을 표현하는 이미지들과 은유들을 가족과 인격적 관계들에서, 여러 직업들에서, 정치 상황에서, 자연세계에서, 그리고 근대의 과학적 사고 등의 여러 영역에서 채택했다. 가족에서 온 이미지들은 개인적 관계의 친밀성을 전달하고자 한다(아버지, 어머니, 친구, 조력자이신 하나님). 직업에서 취한 이미지들은 신을 보는 중요한 방식들을 제공하는 것으로 간주되어 온 특별한 활동들과 연관되어 있다(목자, 보호자, 도공, 건축가, 전사, 혹은 명령자). 그런가 하면 어떤 이미지들은 정치생활(왕, 주, 주인)이나 자연과 연관되어 있거나(영/바람, 힘, 능력, 근거), 과학에서 유래되기도 했다(진화, 생태계, 힘의 장). 이런 이미지들은 널리 사용되었지만 그 한계도 분명하다. 가령 하나님을 왕으로 상상하는 것은 친구나 위로자로 보는 경우와 달리 복종과 순종의 태도를 가질 것을 고취한다. 그런가 하면 그리스도를 왕이나 주님으로 보는 것은 곧잘 독일의 고백교회의 반 나치 입장에서 볼 수 있듯이 전체주의적인 지배에 대한 저항을 이끌어 낸다. 이 경우에는 신적인 통치자를 섬기는 것이 복종이 아니라 저항의 원천으로 작동했다.

리처드 니버H. Richard Niebuhr는 신이 존재하느냐 하는 질문보다 더 근본적 질문은 우리가 섬기는 신이 어떤 신이냐 하는 질문이라고 했다. 《철저한 유일신론과 서구 문화Radical Monotheism and Western Culture》(1960)에서 그는 초월하신 하나님은 교회, 성경, 그리고 그리스도를 포함하여 모든 인간적인 우상들을 거부한다고 지적한다. 니버는 삼위일체에 대한 그리스도인들의 믿음이 삶의 여러 일방성one-sidedness을 거부해왔다는 점에서 이 교리를 설명한다. 즉 만일에 하나님을 오직 아버지로만 이해한다면, 우리는 창조의 질서를 (그 창조의 창조주인) 아버지의 의지와 그 성취로 보려고 할 것이다. 만일 하나님을 주로 그리스도 안에서만 이해한다면, 현재의 창조 질서와 달리 구원과 구속이 강조될 것이다. 만일 하나님을 오직 영으로만 간주한다면, 종교적 삶의 황홀경적 요소들이 강조될 것이다. 여기에서 삼위일체론은 하나님을 아버지, 아들, 성령으로 보는 가운데 하나님에 대한 개념뿐 아니라 인간 삶에 대한 이해 역시 포괄하게 된다.

오늘날 여성신학은 아버지 하나님이라는 남성중심적 신 이해는 가부장적 제도와 가치들을 강화시킨다고 도전했다. 메리 데일리Mary Daly는 자신의 책 《아버지 하나님을 넘어서Beyond God the Father》(1973)에서 이런 이미지에 나타나는 가부장제를 비판할 뿐 아니라 그것이 함의하는 정태적이고 이원론적인 형이상학 역시 공격한다. 하나님이란 상징을 오직 아버지나 주권자로만 이해하는 한계를 극복하기 위해 여성신학자들은 여러 다른 전략들을 사용해왔다. 샐리 맥페이그는 고전적 삼위일체 이미지인 아버지, 아들, 성령 대신에 어머니, 친구, 연인이라는 대안적 이미지를 제시했다.

신약신학자 피오렌자Elizabeth Schussler Fiorenza는 성경 안의 지혜 전통 속의 여성적인 소피아 하나님Sophia-God의 역할을 강조하면서 신약성경의 초기 전승들 속에 나타나는 예수의 모습을 이 소피아로서 하나님의 메신저로 동일시했으며 나중에는 바로 소피아 자체와 동일시하고자 했다. 한편 캐롤 크라이스트Carol Christ 등은 하나님 언어에 대한 탈 기독교적post-Christian 접근법의 필요성을 역설했다(특별히 1997년의 그녀의 책을 보라). 그들은 비기독교 전통 특히 기독교 이전에 존재했던 여신 전통의 이미지를 되살려내어 그 중요성을 강조했다. 로즈마리 류터Rosemary Radford Ruether는 하나님 이해와 연관하여 '가이아Gaia' 개념을 탐구했다.(그녀는 하나님에 대해서도 신/여신God/ess라는 표현을 곧잘 쓴다).

이런 비교적 최근의 접근법들은 하나님이라는 언어의 의미와 사용에 대해 더 깊이 탐구하는 가운데 우리가 믿고 있는 하나님이 어떤 하나님인지를 묻고 있다. 하나님에 대한 은유들과 이미지들이 급격히 증가함과 동시에 그 모두가 중요한 한계들을 가지고 있다는 비판적 의식 역시 증가했고, 이로 인해 하나님에 대한 모든 논의의 적절성에 대한 질문 역시 제기되었다. 그런데 이런 문제는 부정신학negative theology의 전통에서 오랫동안 중요하게 다루어져 왔다. 이제 우리는 이 문제를 살펴보기로 하자.

V. 부정신학과 '신'이라는 말

신에 대한 성찰적 사고가 발전함에 따라 신에 대한 지식의 한계에 대한 인식 역시 점차적으로 깊어졌다. 1장에서 살펴보았듯이 이미 성경 자체가 하나님의 숨겨져 있음hiddenness과 불가해성 inscrutability을 분명하게 언급한다. 따라서 초기 기독교 저술가들이 하나님에 대해 적극적으로 생각하고 말하면서도 동시에 부정신학을 발전시킨 것도 별로 놀라운 일이 아니다. 카파도키아의 세 신학자들, 그 중에서도 니사의 그레고리(Gregory of Nyssa 335-394)는 인간의 지식으로는 결코 닿을 수 없는 하나님의 가까이 할 수 없음 inaccessibility을 강조했다. 그에게 하나님은 그 영성과 무한성으로 인해 인간 지식으로 알 수 없는 분이다. 위 디오니시우스(Pseudo-Dionysius, 6세기)는 한 걸음 더 나아가 하나님의 이해불가성은 인간 정신의 한계로부터 나온 것이 아니라 그 자체로 바로 하나님의 특성이라고 했다. 다마스커스의 요한John of Damascus은 《정통신앙강해Exposition of the Orthodox Faith》(743)에서, 위 디오니시우스는 《하나님의 이름에 관하여On the Divine Names》와 《신비신학 Mystical Theology》(6세기)에서 하나님은 오직 부정적으로만 천명될 수 있음을 확언했다. 중세기의 저명한 유대교 사상가 마이모니데스(Moses Maimonides 1135-1204) 역시 비슷한 주장을 폈다. 그에 의하면 하나님의 단일성은 신들이 여럿이 있지 않다는 말일뿐 아니라 하나님의 독특성은 모든 인간 피조물 너머 있음을 뜻한다. 따라서 하나님에 대한 명제들은 부정적일 수밖에 없다(1190, 1963, 1, 58). 위 디오니시우스와 마이모니데스에게 하나님은 하나님이 아닌 것이 아닌 존재이다. 이슬람 철학자 아비세나(Avicenna 980-1037)와 알-가잘리(al-Ghazzali 1058-1111) 역시 비슷한 결론에 도달했다.

중세신학은 하나님을 말함에서 유비적 언어analogical language의 사용에 대한 명확한 이론을 발전시켰으며, 이런 유비의 교리는 유비가 하나님을 부정적으로 언급할 뿐 아니라 긍정적으로 확언하기도 한다는 점에서 부정신학과 곧잘 대비된다. 그러나 정확하게 말하자면 유비 이론은 하나님에 대한 모든 언어의 불완전성에 대해 말하는 만큼 긍정적인 확언의 적절성을 말하지는 않는다. 따라서 그것은 부정신학에 대한 거부라기보다 그 전통의 연장선상에 있다고 보아야 한다. 토마스 아퀴나스는 《신학대전 Summa Theologiae》(1271. 1964. 1권 질문 13)에서 속성의 유비 analogy of attribution와 비례의 유비 analogy of proportionality를 구별했다. 속성의 유비는 원인과 결과 사이의 유사성에 기초하고 있다. 가령 채소를 먹는 것은 건강하다고 불린다. 왜냐하면 그것은 건강하게 만들기 때문이다. 그러나 비례의 유비는 서로 날카롭게 대조되는 실재들 안의 두 요소들 사이의 비례만 가리킨다. 따라서 하나님의 이해와 지혜는 하나님의 존재와 비례하며, 인간의 이해와 지혜는 인간 존재와 비례한다. 이런 종류의 유비는 유사성보다 차이성을 강조한다. 곧 인간의 언어와 이미지가 하나님에게 적용될 때, 하나님은 무한하고 인간 존재는 유한하며 제약되어 있다. 신과 인간 사이에는 그 어떤 비례도 존재하지 않는다. 하나님에게 비례를 적용할 때 사람은 확언할 수 있으나 오직 불완전하게만 그렇게 할 수 있으며, 확언되는 것 역시 유한한 유비를 부정하고 초월하는 방식으로만 그렇게 되어야 한다. 아퀴나스는 이 점을 《신학대전》의 질문 3의 서론 부분에서 이렇게 말한다. "이제 우리는 하나님의 어떠하심에 대해 말할 수 없고 오직 하나님의 어떠하지 않으심에 대해서만 말할 수 있다." 따라서 우리는 하나님이 존재하는 방식이 아니라 존재하지 않는 방식에 대해서만 고려해야 하며, 이런 점에서 유비 이론은 부정신학에 가깝다.

더욱 철저한 부정신학은 신비가들에게서 발견된다. 가령 마이스터 에크하르트(Meister Eckhart, 1260-1328)는 존재being와 앎knowing은 동일하며 가장 존재다운 것은 가장 많이 알려진다고 보았다. 그러나 이 사실에서 그는 "하나님의 존재는 초월적이기 때문에 그는 모든 지식 너머에 있다"(c, 1300, 1941, 142)고 결론짓는다. 니콜라스 쿠사는 부정신학을 사변적인 방향으로 전개하는 가운데 "배움 있는 무지learned ignorance"라는 말로 중세적 사고를 넘어 선다. 이것은 단지 소크라테스적인 의미에서의 무지가 아니라, 모르기 때문에 안다고 주장하는 것이다. 그에 의하면 그 무엇도 "절대적 최대치Absolute Maximum"보다 더 클 수 없고 "절대적 최소치Absolute Minimum"보다 더 적을 수 없기 때문에, 하나님은 모든 반대되는 것 너머에 계신다. 왜냐하면 하나님 안에는 이런 반대들이 공존하기 때문이다(반대의 공존coincidentia oppositorum).

근대에 들어와서 다른 종류의 부정신학이 등장했다. 그것은 하나님의 영적 본성이나 인간의 유한성과 반대되는 신적 존재의 무한성에 근거한 것이 아니라, 인간 이성의 한계에 근거한 것이었다. 임마누엘 칸트(Immanuel Kant 1724-1784)는 인간 이성의 한계를 인정하는 가운데 그 적절한 사용을 검토함으로써 합리성의 견고한 토대를 확보하고자 했다. 그는 신적 존재에 대한 우주론적, 목적론적, 존재론적 증명은 모두 인간 정신이 갖고 있지 못한 능력을 전제하고 있으며, 경험을 넘어서 절대적으로 필연적 존재라는 관념에 어떤 내용을 부여하려는 무리한 시도임을 보여주었다. 자연신학에 대한 칸트의 비판은 이런 존재의 실재성을 이론적으로 증명할 수 없다는 정도 이상의 것이다. 그것은 "신의 실재성existence of God"이라는 개념이 관념철학으로 하여금 변증법적인 환상 가운데 하나님 역시 다른 대상들처럼 그렇게 '실재하는' 하나의 대상인 양 오해하도록 만들었다는 더 근본적 주장이다. 따라서 칸트에게 신이란 관념은 하나의 규정적 관념a regulative idea이나 초월적 이상 transcendental ideal이 되었다. "세계의 통일성에 대한 이 원초적 근거가 그 자체로 무엇인지에 대해 우리가 결정했다고 진술해서는 안 된다. 오직 우리가 그것을 사용해야 한다는 점 혹은 세계의 사물들과 연관한 이성에 대한 체계적인 사용과 관련하여 그 관념을 사용해야 함을 진술해야 한다"(1781, 1929, B727). 따라서 칸트는 인간 지식의 한계에 근거한 부정신학을 발전시켰다고 할 수 있다. 그러나 선험적인 것의 기능에 대한 그의 이해와 실천 이성과 도덕성을 위한 요청으로서의 하나님이란 관념은 하나님에 대한 우리의 언어, 이미지들 그리고 은유들의 사용에 대한 실용주의적이며 자기 비판적인 성찰에의 길을 열었다.

피히테(Johann G. Fichte 1762-1814)의 전통적 유신론에 대한 비판은 칸트보다 한 걸음 더 나아간다. 그는 실체, 의식, 인격성 같은 특질들 혹은 결정 요소들은 모두 유한한 것이기 때문에 신에게 적용될 수 없다고 주장한다. 가령 인격성 같은 것은 유한하다. 왜냐하면 인격적 주체자는 그 자신 밖에 있는 것들에 의해 결정되며 다른 유한한 대상들과의 관계 속에서만 자신을 의식하기 때문이다. 따라서 그는 신인동형론적인 인격성 범주(개인적인 자의식적 자아)를 신에게 전가하는 것은 신의 무한성을 훼손하는 것이라고 보았다. 그러나 피히테의 이런 결론은 오해를 받았고 그는 무신론을 옹호한다는 비난을 받았다.

칸트의 유신론적 형이상학과 피히테의 인격성에 대한 비판의 영향 속에서 프리드리히 슐라이어마허Friedrich Schleiermacher는 그의 책 《종교론*On Religion: Speeches in Its Cultural Despisers*》(1799)에서 종교와 신성에 대한 이해를 재정의 하고자 했다. 《기독교 신앙*Christian Faith*》(1822)과 《변증*Dialektik*》(1811)에서 슐라이어마허는 믿는 자의 즉각적인 자기의식을 철저하게 의존적인utterly dependent 것으로서의 자기이해에 대한 경험으로 해석했다. 그가 주목하듯이 이런 철저한 의존의 '기원whence'을 종교적인 사람과 신앙인들은 하나님이라 이름 부르고 비종교적인 해석은 자연이라고 부른다. 이런 기원에 대한 종교적인 선언의 적절성 여부에 대해 논의하는 중에 슐라이어마허는 종교적 확언은 하나님이나 세계에 대한 형이상학적 기술이기보다는 인간 조건에 대한 명제들로 보는 것이 더욱 적절하다는 칸트의 비판을 의식하고 있었다. 곧 하나님의 속성은 하나님 안의 어떤 특별한 것을 가리키기보다 우리와 하나님과의 관계를 표현하는 것이라고 보았다. 그러나 슐라이어마허는 여기에서 한 걸음 더 나아가서 다양한 신적 속성들은 하나의 신적 작인divine causality을 표현하는 것이라고 한다(물론 여기에서 '작인'이란 단순히 '기원'이란 의미에서의 상호연관성을 가리키는 말이다).

  포스트모던 철학자들과 신학자들은 더 철저한 비판을 전개했다. 여기에서 제기되는 것은 단순히 인식론적인 논점이 아니라 존재-신학적onto-theological 질문이다(이런 포스트모던적 도전 배후에는 하이데거(Martin Heidegger 1889-1976)의 영향이 있다. 하이데거는 근대 철학의 현저한 특징은 존재Being를 주체성 및 의심할 여지없는 확실성(르네 데카르트)과 연관하여 보는 데 있다고 했다). 이제 문제는 사람이 하나님을 어떻게 생각하는가? 혹은 다른 존재들과 같은 존재 혹은 다른 대상들과 같은 대상으로 환원시키지 않으면서 어떻게 하나님이란 단어를 사용할 수 있는가 하는 점이다. 존재-신학적 전통을 특징짓는 이런 객체화의 경향성을 어떻게 극복할 것인가 하는 점이 마리온Marion, 레비나스Levinas, 데리다Derrida 같은 포스트모던 사상가들의 경우에 분명하게 드러난다.

쟝-룩 마리온Jean-Luc Marion은 형이상학적 하나님 개념을 우상숭배적이라고 비판한다. 《존재 없는 하나님God without Being》에서 그는 하나님을 모든 것을 이해하는 개념이자 만물의 자유로운 의지의 근거로 보는 것은 우상숭배적인데 이는 하나님에 대한 초감각적super-sensible 언급에서 경험적인 흔적들을 제거하지 못하기 때문이라고 한다. 임마누엘 레비나스(Emmanuel Levinas 1906-1995) 역시 서구 철학 전통이 하나님을 어떤 존재론적 특성들을 가진 한 존재로 이해해 왔다고 비판한다. 그에 의하면 서구의 신비주의조차 신이 아무리 신비스럽다고 해도 어떤 선택된 소수는 신을 이해할 수 있는 실체로 보았다. 그런데 이는 신을 신인동형론적으로 인식하는 것이며 하나님의 타자성을 제대로 이해하지 못한 것이다. 레비나스는 그의 《전체성과 무한Totality and Infinity》(1969)에서 이런 타자성을 표현하기 위해 하나님이란 말 대신 '무한'이란 말을 사용한다. 그에게 유대인 대학살Holocaust은 신정론과 존재론적으로 이해된 하나님이 실패했음을 보여준 사건이며, 따라서 그는 하나님은 타자를 위한 우리의 책임성에 대한 윤리적 관계를 통해서 알려진다고 주장한다. 그는 선the Good의 '흔적들' 곧 선험적인 타자other를 위한 우리의 책임성에서 찾는다. 자크 데리다Jacques Derrida는 부정신학에 호소하려는 시도들을 비판하며, 신을 존재와 구별하려는 시도에도 반대한다. 그는 이런 시도들은 여전히 존재-신학적이어서, 신이 하나의 존재 정도가 아니며 존재를 넘어서 있다고 주장하는 경우에도 여전히 플라톤과 신플라톤 철학의 개념이 계속 사용되고 있다고 비판한다. 비록 부정신학들이 유신론과 무신론이라는 양자택일을 넘어가고자 하지만, 그것들이 존재를 넘어선 존재a being beyond Being라는 개념을 계속 보유하고 있는 한, 존재-신학onto-theology에 매여 있다. 곧 모든 긍정적이고 부정적인 술어를 넘어서 있는 어떤 초본질성hyper-essentiality을 유지하고 있다고 말한다.

이런 비판은 부정신학을 더욱 철저화한다. 이들은 모든 부정신학은 비록 그 부정에 있어서도 신성의 존재를 전제하는 존재론에 매여 있다고 지적한다. 그렇다면 우리가 여기에서 하나님과 연관하여 할 수 있는 것은 그저 끝까지 철저히 침묵하는 것처럼 보인다. 그러나 동시에 우리는 오직 말하기를 통해서만 - 이 엄청나게 복잡한 '하나님'이란 단어를 말하고 하나님에 대해 말하며 또한 이런 모든 말하기에 대해 비판적으로 말을 함으로써만 - 이런 결론에 도달할 수 있음을 잊어서는 안 된다.

VI. '하나님'이라는 상징과 종교 연구

지금까지 우리는 서구 사회에서의 '하나님'이라는 용어의 사용 및 그 성찰과 연관되어 있는 세 가지 복합적 의미에 대해서 살펴보았으며, 그 가운데 이 단어는 아주 복잡하고 어렵지만 동시에 풍부한 의미를 가지고 있었고 지금도 그러함을 살펴보았다. 존재하는 모든 것(또한 존재하지 않는 것)의 궁극적인 준거점ultimate point of reference으로서 하나님이라는 용어는 모든 실재와 경험, 모든 가능성과 이미지를 의미 있게 모으고 이해하며 상호 연관시켜서 인간 삶에 방향을 제시하려고 한다. 그런 의도는 정녕 인간의 지식과 인식 혹은 상상력의 가능성들을 초월한다. 따라서 근대에 들어와 자주 신의 '죽음'이 선포된 것도 그리 놀랄 일은 아니다. 그러나 '하나님'에 대해 생각하고 말하고 예배하는 것은 여전히 계속된다. 부정신학의 긴 전통과 아울러 그것과 공존해왔던 성찰적인 적극적 신학들이 정규적으로 계속 갱신되는 것, 또한 일반 대중 속에서 하나님에 대한 이미지와 이야기가 끊임없이 계속되고 있다는 사실이 이 용어의 계속되는 중요성을 증언해준다. 그러나 하나님에 대해 말해온 역사를 통해 분명히 드러나는 것으로서 하나님을 향하고 또 하나님에 대해 말하는 그 모든 복잡한 의미를 말하는 것은 여전히 결코 명확하지 않다는 점이다.

지금까지 이 서론의 대부분은 '하나님'이란 단어가 서구 역사 속에서 갖게 된 복잡성을 소개하는 것이었다. '하나님'은 서구에서 인간의 삶에 질서와 방향을 부여하는 중심적이며 가장 강력한 상징이다. 따라서 근대에 이르러 (대학의 지식인들뿐 아니라 서구 문화 전반에 걸쳐서) 강하게 논박을 받아왔음에도 불구하고 이 용어는 여전히 매우 활기차게 살아 있다. 물론 '거룩' '성스러움' '신성' '초자연' '신비적인' 같은 용어들 역시 종교의 중심에 있는 것을 표현하는 것으로 여겨져 왔다. 그러나 이런 보통명사들 중 그 무엇도 '하나님'이라는 고유명사가 언급하는 포괄적이며 구체적인 의미를 결코 표현하지 못한다. 그 어떤 것도 모든 실재들을 이해하는 궁극적인 준거점이나 (종교적이며 도덕적 실천과 경험들뿐 아니라) 인간 삶의 모든 측면들의 방향을 설정하는 기준이 되지 못하는 것이다. 이 궁극적인 준거점(하나님)은 현재의 인간의 모든 실천, 이데

올로기, 제도들을 상대화시켜 비판적으로 의심하며, 또한 그것들이 보다 인간적이며 인도주의적인 방향으로 변혁되기를 요구한다. 따라서 이런 풍부하고 복잡한 상징의 의미와 사용이 앞에 언급한 일반적 개념들 중의 하나 혹은 몇 가지로서 포착될 것 같지는 않다. 오히려 하나님이라는 상징은 그 자체로 치밀하게 검토되어야 하고 아주 다른 그 어떤 것으로 환원되어서는 안 된다.

이처럼 엄청나게 복잡한 의미를 가진 것을 제대로 이해하려면 어떤 연구가 필요할까? 이 상징을 탐구하고 이해하며 해석하는 데 어떤 종교 연구가 가장 효율적일 수 있을까? 우리는 여기에서 세 가지 다른 접근법의 유용성을 제언한다. 그 각각은 '하나님'이란 상징의 중요한 차원과 그것이 기능하는 방식을 볼 수 있게 하며, 그 셋이 합쳐지고 서로 연관되면 이용 가능한 그 어떤 것보다 더욱 풍부하고 심원한 이해를 가능하게 할 수 있다. 오직 종교 연구 같은 학제간의 "영역이 중첩되는 영역"의 연구만이 이런 범위와 깊이를 가진 연구를 해낼 수 있다. 이 상징이 과거에 가져왔고 지금도 가지고 있는 능력과 중요성에 비추어볼 때 이런 종류의 집중된 노력만이 적절해 보인다.

(1) '하나님'이라는 상징에 대한 역사적, 사회학적, 그리고 다른 분석적 연구들

좀 더 깊이 이루어져야 할 연구 하나는 이 글에서 간단히 살펴보고자 했던 그런 종류의 연구이다. 곧 이 상징의 기원, 그것의 전개와 발전에 영향을 미친 다양한 전통의 흐름들, 또한 이 단어가 인간의 삶을 규정하고 방향을 설정하는 데 영향을 미친 그 많은 다양한 문화적이며 언어학적인 컨텍스트들에 대한 훨씬 넓고 깊은 철저한 연구가 필요하다. 이런 역사적 연구에 덧붙여서 '하나님'이란 단어가 오늘날의 문화적 컨텍스트의 범위에서 계속해서 기능하고 있는 것에 대해 현재 우리가 알고 있는 것보다 훨씬 넓은 지식이 필요하다. 예를 들어, '하나님'을 헌신과 정치적 활동의 중심적인 구호이며 초점으로 여기는 '근본주의자' 혹은 '복음주의적'이란 말로 곧잘 표시되는 대중적 종교운동들(또한 여타 비슷한 운동들)이 있다. 그러나 이런 운동들과 직접 연관되지 않는 사람들 역시 자신들을 하나님에 대한 "신실한 신앙을 가진 사람들"로 여긴다. 그렇다면 이런 신자들에게 이 단어가 의미하는 바는 무엇인가? 그들은 자신들이 믿는 하나님을 어떻게 이해하고 있는가? 왜 그들은 하나님에 대한 신앙을 중요하게 여기는가? 그들은 이런 신앙을 가지고 있지 않는 이웃 사람들과 어떤 식으로 관계를 맺고 있는가? 그들의 신앙이 교회 활동이나 정규적인 성경연구로 인도하는가? 등등이다. 여러 다양한 집단의 근대적/탈근대적 사람들에게 '신'이 실제로 의미하는 바에 대한 있는 그대로의 사회학적, 심리학적, 언어학적 그리고 여타 연구들이 필요하다. 이 단어가 그들 모두에게 어떤 중요성이 있는지 (혹은 중요성이 없는지)를 더 많이 연구할 필요가 있는 것이다.

(2) '하나님'과 '신들'에 대한 비교 연구들

오늘날 종교에 대한 학문 연구들의 많은 부분은 종교들의 역사와 비교종교론에 치중되어 있다. 20세기 전반에 '하나님'과 ('신들')이란 상징에 대한 비교 연구가 시작되었지만, 부분적으로 초기 연구 속의 뚜렷한 서구적인 편견으로 인해 이런 연구는 수십 년 동안 중단 상태에 있었다. 제대로 진행된다면 이런 연구들은 그들의 문법적이며 의미론적인 실천과 다양한 종류의 은유 사용 같은 – 많은 언어적 전통에 대한 비교 연구 – 곧 '하나님'과 같은 주요한 규정적 상징들이 이런 다양한 전통들에서 기능하는 다양한 방식들에 대한 탐구보다 범위가 넓다. 곧 그것은 이런 언어적 실천과 연관되어 있는 제의적, 도덕적, 사회적 컨텍스트에 대한 연구까지 포함한다. 이런 비교 연구들은 위의 (1)의 연구 속에 여전히 작동하고 있는 서구의 유신론적, 또 무신론적 편견에 의문을 제기하고 또한 도전해야 한다. 먼저 인간의 삶과 행위들을 질서 지우고 방향을 설정하며 성찰하게 하는 완전히 다른 개념적인 틀을 제공함으로써 이런 도전을 한다. 가령 불교의 수니야타 *sunyata*, 空 개념은 하나님에 대한 서구의 실체론적 substantialist 사고가 야기하는 문제들에 도전하는데, 그것은 (우리가 본 것처럼) 부정신학의 그 오랜 비판적 전통의 사고방식과 유사하다.

위에 말한 두 가지 연구들이 함께 이루어짐으로 인하여 (적어도 어떤) 종교적인 상징 시스템들이 여러 다양한 사회 문화적인 컨텍스트들 안에서 실제로 기능했던 다양한 방식들을 좀 더 폭넓게 이해하게 해야 할 것이며, 그렇게 함으로써 종교적인 상징화에 대해 현재 알고 있는 것보다 더 적절한 이론들을 발전시키는 토대를 제공해야 할 것이다. 이런 이론들은 또한 '하나님'이란 상징의 실제적 강점과 약점을 더 적절히 평가하는 가운데 그 소위 독특성에 대해 더 치밀한 검토를 촉발시켜야 할 것이다. 이런 이론들에 대한 더 나은 이해 없이는 이 상징과 관련하여 제기되는 질문들, 가령 오늘날 종교적 다원성의 중요성에 대한 점증하는 의식에 의해 제기되는 질문들에 대해서는 제대로 답변하기 어려울 것이다.

(3) 구성적인 작업

이런 다양한 연구들에 유념하면서 이제 물어야 할 질문은 오늘날 '하나님'이라는 상징을 근대적/탈근대적인 사람들이 더 효율적으로 자신들의 삶을 질서 잡고 방향을 설정할 수 있게 돕는 방식으로 의도적으로 재구성할 수 있으며, 혹은 그럴 필요가 있는가 하는 점이다. 구성적 신학은 '신'이라는 상징을 상상력을 발휘하여 새롭고 더 실행 가능하며 의미 있고 자기 비판적인 방식으로 오늘날의 세계에서 인식하고 이해하며 사용하는 것을 핵심 과제로 삼는다(Kaufman 1993a, 1995). 신학 작업은 언제나 구성적인 혹은 재구성적인 작업(Fiorenza 1984)으로서, 곧 남자들과 여자들이 새로운 우연들과 논점들 및 새로운 문제들을 만날 때 상상력에 의해 응답하는 일이었다. 오늘날 다양한 여러 이슈로 인해 (서구의) 전통적인 하나님 이해의 어떤 부분들에 대한 의구심이 커져 가고 있다. 곧 종교다원주의, 과학적 우주론, 힘 있는 '제1 세계' 혹은 산업화된 사회들과, 지구촌의 별로 힘을 갖지 못한 지역들 사이의 경제적, 정치적, 문화적, 종교적 긴장 같은 도전들이다. 실상 지난 2~3세기 동안 '하나님'이라는 상징은 서구와 서구가 식민지로 삼은 나라들에서 도덕적, 지적, 종교적, 철학적, 그리고 그 외의 (가장 최근에는 여성주의적 비판 같은) 여러 비판들을 받아왔다. 우리는 이 모든 비판들을 이전보다 더 의도적이며 자의식적인 형태로 받아들여야 한다. 철저하고 광범위한 해체 작업과 아울러 뛰어난 상상력에 기반을 둔 신선한 구성과 재구성 작업이 여러 신학자들의 연구에서 나타나고 있다. 이 모든 연구는 적절한 과정을 거쳐서 '하나님'이란 단어가 미래에 이해되고 사용되는 방식에 중요한 영향을 미칠 것이다. 물론 많은 '대중적인' 종교는 이런 발전에 계속 저항하겠지만 말이다.

'하나님'이라는 상징에 대한 구성적 작업의 중요성을 우리는 다른 관점으로도 생각해 볼 수 있다. 앞의 (1)과 (2)에서 서술한 다양한 전문적 연구들이 오늘을 살아가는 남자들과 여자들이 가진 하나님에 대한 실제적인 신앙에 어떤 의미가 있을 것인가? 또한 교회와 회당 그리고 회교 사원의 성찰적인 사람들과 종교 공동체에 참여하지는 않으나 관심을 가지고 있는 사람들에게 그것은 어떤 의미가 있겠는가? 종교에 대한 학문적 연구를 하는 사람들이 이런 종류의 '실제적' 질문들에 관심을 가져야 하는가? 종교인들이 그들을 지탱하고 있는 더 넓은 사회와 문화에 그 사회와 문화가 직면하고 있는 주된 문제들을 공포하는 데 도움을 주어야 하는가? 인문학뿐 아니라 자연과학과 사회과학이 오늘날 사회들이 직면하고 있는 주된 문제들을 다루는 데 필요한 지식과 이해를 제공해주고 있다. 종교에 대한 연구들 역시 더 직접적으로 사회문화적 문제들에게 관심을 집중하고 그 중의 어떤 문제들에 대해 직접적으로 발언하려 한다면, 더 많은 것을 제공할 수 있을 것이다. 이는 사회문화적 문제들 속에는 종교와 종교적 상징들이 깊이 연관되어 있기 때문이다. 우리는 종교를 연구하는 학자들에게 이런 종류의 책임이 있다고 생각한다. 따라서 그들은 하나님과 관련되어 있는 엄청난 혼란과 하나님에 대한 신앙과 헌신이 근대적/탈근대적 사회 속에서 어떻게 말해질 수 있는지에 대해 제언할 수 있어야 한다.

하나님을 생각하는 특정한 방식들이 다른 방식들보다 오늘날 더 책임적인 것이 될 수 있는가? 현대 사회에 이런 종류의 민감한 신학적 질문들을 던지는 것이 ('하나님'이란 상징이 여전히 요구하는 그 엄청난 사회정치적 힘을 생각해 볼 때) 과연 중요한 것인가?(혹은 합당한 것일까?) 어떤 개인이나 집단들이 '하나님'이란 말을 아주 쉽게 사용하지만 실제로는 심각하게 오용하고 있는데 어떤 식으로 그렇게 하고 있는가? 그리고 그것이 가져오는 사회문화적 결과는 무엇인가? 이 단어에 대한 '적절한' 사용과 '부적절한' 사용이 있다고 정당하게 말할 수 있는가? 하나님에 대해 신실하다는 것이 오늘날 포함해야 하는 것은 무엇인가? 이런 질문들은 지금 이루어지는 정도보다 공적인 자리에서 더 많이 자유롭게 논의되고 토론되어야 하는 중요한 논점들에 주의를 기울일 것을 요청한다. 또한 이런 논의들은 정부나 교회 권위에 의해 미리 차단되어서는 결코 안 된다. 비록 하나님의 이름은 (곧잘 정부의 지원 아래) '시민 종교'의 맥락에서 널리 언급되지만, 미국 사회에는 분명, 교회(혹은 종교)와 국가 사이를 분리하는 널리 알려진 '차단벽'이 있다. 그러나 오늘날은 '하나님'이란 단어가 사용될 때 포함되는 것이 무엇인지에 대해 더 많은 공적인 관심을 보일 필요가 있다. 이 사회의 공적인 삶 이면에 이런 깊은 신학적 뿌리가 있다는 것을 더욱 많이 직접 언급하는 것이 미국의 공적인 삶에서 점차로 널리 나타나고 있는 예리한 담론들의 어떤 면을 완화시키는 데 도움이 될 것이다. 그것은 물론 지난 세 단락과 이 책의 여러 장들, 특히 3장에서 다루고자 하는 구성적 연구들 같은 것이다.

종교에 대한 연구는 우리의 지나간 과거에 또 지금도 여전히 공적인 삶에서 지속적 영향을 미치고 있는 '하나님'이라는 중심적 상징과 연관하여 발생하는 문제들에 대해 말하기 시작할 수 있는 몇 안 되는 학문분야의 하나다. 그러나 이 분야를 다루는 학자들은 이런 사회적/문화적/정치적 과제를 자신들이 담당해야 할 영역이라고는 거의 생각하지 않았으며, 종교에 대한 연구들은 이런 문제들을 직접적으로 다루지 않았다. 그러나 종교학자들은 그들 자신만이 이 분야의 전문가들이기 때문에 우리 사회의 이 중심적 문제들과 연관하여 자신들에게 분명한 책임이 있지 않는지를 스스로 물어보아야 한다. 로버트 벨라Robert Bellah가 몇 년 전에 이렇게 말한 것처럼 말이다. "결국 사람들은 (그들이) 선택한 상징주의에 대해 책임이 있다"(1970, 42). 종교학자들은 현대 사회가 그런 선택을 책임적으로 실천하도록 도와야 하는 특별한 책임을 지고 있다. 이 책에서 나는 '하나님'이라는 상징이 오늘날 근대적/탈근대적 세계에 마땅히 그렇게 해야 하듯이 효율적으로 작동하는가 하는 질문에 특별한 관심을 기울이면서 이 문제에 대한 구체적인 제언을 하고자 한다.

1장

오늘날의 진화적/생태적 세계와
기독교 신앙의 신학적 구조

    사람들은 신학(하나님에 대한 성찰)과 하나님을 믿는 것 사이에는 별다른 연관성이 없다고 보통 생각한다. 곧 사람들은 신학적인 문제에 대해 생각하지 않아도 좋은 신자가 될 수 있으며, 또한 신학 작업의 많은 부분은 성격상 개념적인 것이어서 믿음의 여부에 관계없이 할 수 있다고 여긴다. 이런 주장들에는 일말의 진리가 있다. 그러나 신학 작업과 신앙이 서로 연관이 없다고 가정하는 것은 잘못이다. 왜냐하면 모든 기독교 신앙은 그것이 당연하게 여기는 인간과 신이라는 두 가지 상징을 중심으로 구성되어 있기 때문이다.[1] 신앙인들은 하나님이라는 개념idea의 특수한 성격을 깊이

---

1) 이 장에서는 기독교 신앙의 **신학적 구조**에 대한 단순화된 개념이 제시된다. 이 부분에 대한 더 적절한 논의는 Kaufman 1993a, 특히 기독교 신앙의 4중적 "범주적 구조"에 대해 요약하고 있는 6장과 7장을 보라. 이 책의 II부에서 IV부는 이런 요약의 간격을 메우고 훨씬 깊게 다루었으며 궁극적으로는 삼위일체적인 신 개념이

숙고하지 않더라도 하나님이 그들의 신앙의 토대이며 하나님을 믿는 것이 삶에서 아주 중요하다고 여긴다. 그러나 그들이 하나님과 그리스도를 이해하는 방식이 그들의 신앙 및 신앙이 부여하는 요구들을 살아내는 모습과 수준을 상당부분 결정하는 것 역시 사실이다. 또한 대개의 경우 우리가 당연하게 여기는 우리의 인간됨에 대한 이해에서도 마찬가지다.

우리 모두는 '하나님'과 '인간'이란 단어의 뜻을 말을 배우는 중에 아주 어릴 때부터 받아들이며 그 내용은 우리가 살아온 전통과 우리 자신의 개인적 경험에 의해 복잡해지고 다양하게 발전된다. 이 두 용어는 모든 다른 단어들처럼 부분적으로 '신앙' '인생' '헌신' '창조' '명령' '용서' '사랑' '예배' '우상' '성경' '전능' '도덕성' 같은 일련의 단어들과 긴밀하게 연관되어 그 의미를 갖게 된다. 하나님과 인간이라는 상징적 양극성symbolic polarity 사이의 많고 복잡한 상호 연관성은 다른 단어들과 더불어, 우리의 삶과 사고에서 당연한 것으로 여겨지는 우리의 자의식, 경험 그리고 우리의 많은 활동들에 정보를 제공하며 질서를 잡아주는 깊은 구조를 제공할 수 있다.

그러나 우리가 습득해온 형태 안의 이런 깊은 구조가 우리가 살고 있는 세계에 더 이상 들어맞지 않게 되어, 이 세계에 관해 방향을 설정해주기보다 엉뚱한 길로 인도하여 길을 잃게 만든다면 어떻게 해야 할까? 신과 인간이라는 두 상징의 전통적인 의미, 곧 이런 전통적인 양극성에 기본적인 내용과 중요성을 부여해 온 전통적인 의미가 우리 시대 이전에는 수많은 세대의 삶을 질서지우는 데 무척 중요하고 적절하고 효율적이었다고 하더라도, 과거와

발전함에 따라 그 내용이 어떻게 바뀌어 갔는지를 말하고 있다.

달리 오늘날 인류가 마땅히 다루어야 하는 중요한 문제들에 대한 타당성을 상실해 버렸다면 어떻게 해야 할까? 그것들이 재해석과 변형, 재구성을 필요로 할 뿐 아니라 심지어 그냥 거부되어야 한다면 어떻게 해야 할까? 과거에 '하나님' 혹은 '하나님의 행위God's activity'라고 불러왔던 것이 오늘날에는 이제 더 이상 이 세상에서 차지할 자리가 없는 것처럼 우리가 생각하게 되었다면 어떻게 해야 할까?2) 즉 우리가 하나님을 어떻게 생각하느냐 하는 질문 – 그런 이해가 우리에게 여전히 어떤 영향을 미치느냐 하는 문제는 차치하고서라도 – 그리고 우리가 우리 자신 및 우리의 인간됨을 어떻게 이해하는가 하는 문제는 지난 200~300년 사이에 집중 포화를 맞아 왔다. 분명코 이런 중요한 상징들의 의미에 대한 통일된 시각은 교회, 회당, 이슬람 사원, 그리고 보다 넓은 문화에서도 이제는 더 이상 존재하지 않는다.

이런 상황에서 생각하며 살고자 하는 사람들은 무엇을 해야 하는가? 어떤 사람들은 서구 문화의 전체 역사를 이끌어왔던 이런 상징적 양극성을 그저 무시해 버릴 준비가 되어 있는 것 같다. 그들은 "신은 죽었다!"는 말을 지난 150여 년 간 계속 말해왔다. 또한 이처럼 극단적이지는 않으나 현저하게 다른 (세속적이거나 종교적인) 상징적 형태에 근거하여 살면서, 신이나 인류에 대해서는 별다른 관심이 없는 사람들 역시 많이 있다. 그러나 내 생각에는 오늘의 세계를 사는 사람들에게 신이 죽어버렸거나 무의미할지 몰라도, 여전히 이 상징은 서구뿐 아니라 지구의 다른 많은 지역에서 강력하고 의미 있는 것으로 남아 있다. 그러나 그것이 가지고 있는

---

2) 역자주: 존 쉘비 스퐁 주교는 초자연적 능력을 발휘하던 하나님이 현대 과학의 발달로 인해 '실직자'가 되었으며 '홈리스'가 되었다고 표현한다.

지속적인 힘으로 인해, 또한 그 힘이 자주 과도할 정도로 파괴적으로 남용되어 왔기 때문에 – 오늘날에도 여전히 고통스럽고 잔혹한 수많은 인종적 혹은 그 밖에 다른 전쟁들이 신의 이름으로 수행되고 있음을 보라 – 이 상징에 깊이 헌신해왔던 우리 같은 사람들은 그것이 현실에 적절해 보이지 않아 보이는 이유를 치밀하게 탐구하지 않을 수 없다. 그리고 이 사실로 인해 우리는 서로 연관되어 있는 하나님과 인간이라는 두 상징을 재구성하여 우리 삶을 더 적절하고 효율적으로 방향을 정하고 인도할 수 있도록 할 필요가 있다. 이 책의 프롤로그에서 우리는 '하나님'이라는 상징이 가지는 엄청난 다양성과 복잡성과 풍요한 의미에 대해 살펴보았다. 그 모든 것이 이런 재구성을 하도록 이끌 수 있는 것이다.

이 장에서 우리는 이 상징을 인간이라는 이미지/개념과의 상호 연관성 속에서 살펴보되, 이런 상징적 양극성을 사용할 때 문제가 되는 것이 무엇인지 분별하는 데 도움이 되는 렌즈로서 오늘날의 생태적 위기를 염두에 둘 것이다. 첫째로 나는 신과 인간과 연관하여 우리가 전수받은 종교적 상징을 간략하게 요약할 것인데, '하나님'이라는 상징에 대한 전통적인 이해는 생태위기를 민감하게 인식하고 있는 현대 세계에 문제가 많다. 둘째로 하나님과 인간 및 이 둘 사이의 관계에 대한 상당히 다른 모델들을 제시할 것이다. 여기에서 나는 이런 모델들이 신과 인간이라는 두 가지 주된 상징들이 근대적인 세계 이해 및 이 세계에서의 인간 실존을 어떻게 이해해야 하는가 하는 문제에 대해 오늘날 널리 받아들여지는 가정과 더 효과적으로 연관될 수 있다는 점을 주장할 것이다. 셋째로 이렇게 할 때 우리는 오늘날의 세계에서 하나님 신앙이 가지는 의미를 새롭게 볼 수 있는 위치에 서게 되며, 오늘날 분명하게 인식해야 하는 그 두려운 문제들에 관심을 갖게 되며, 더 나아가 그것들을 용기 있게 다룰 수 있다는 점을 말할 것이다. 간단하게 말해서 이 장에서 나는 하나님을 우리의 종교전통들이 가르쳐온 모습과 다르게 상상할 수 있는 길을 간략히 서술할 것이며, 2장과 3장에서는 이런 서술을 좀 더 자세하게 발전시킬 것이다. 이렇게 함으로써 나는 하나님에 대한 신앙이 우리 시대의 주된 문제들에 대해서도 여전히 중요할 수 있다는 점을 알게 되기를 희망한다.

I

기독교 역사에서 별로 거론되지 않은 중요한 가정 하나는 신앙과 신학이 기본적으로 우리가 인생의 **실존적 문제들**이라고 부르는 것, 즉 절망, 불안, 죄책감, 죽음, 생의 무의미, 죄 등과 깊이 연관되어 있다는 점이다. 하나님의 사랑, 자비, 용서, 믿음에 의한 칭의 등은 모두 이런 의미와 유한성 그리고 죄 됨이란 문제들에 대해 말하고 있고, 그렇게 함으로써 삶이 전진해 가도록 도움을 주었다. 이런 강조와 이미지들로 인해 기독교의 하나님과 기독교 신앙은 주로 인간적 문제들에 관심을 보이면서 인간중심적인 용어들로 이해되어왔다.

우리는 기독교적 사고에 대한 이런 **인간중심적**anthropocentric 초점을 여러 곳에서 볼 수 있다. 예를 들어 그것은 인간이 (다른 모든 피조물들과 달리) 창조의 클라이맥스로서 "하나님의 형상(이미지)"으로 만들어졌다고 말한다. 그것은 또한 하나님 자신에 대한 전통적 이해가 인간을 모델로 삼아 인간적인 행위자인 것처럼 구성되어 있는 데서도 볼 수 있다. 인간을 하나님의 형상으로 만들어진 존재로 생각하는 것, 그리고 하나님 역시 상당 부분 인간과 비슷한 존재로 생각하는 것은 그냥 사랑스럽고 멋진 생각 이상의 것이다. 그것들은 근본적으로 인간을 이원론적dualistic으로 이해하는 신학적 기반을 제공했다. 곧 인간을 육체와 영혼이라는 두 측면을 가진 것으로 이해하는 것으로서 이는 기독교 역사의 대부분의 시대에서 그러했다. 이 관점에 따르면 우리는 피조된 다른 생명체들처럼 육체를 가지고 활동하지만 우리의 영성, 우리의 영혼 곧 하나님 자신의 영적인 존재라는 이미지들로 인해 다른 생명체들과 가장 분명하게 구별된다. 따라서 우리 인간에게 가장 중요한 것은 우리가 영혼이자 영적 실재로서 저 천상의 존재들과 고유하게 연관되어 있고, 언젠가 죽음이 찾아오면 이 물질 세계를 떠나 그들과 함께 있게 될 것이라는 점이다. 내가 서문에서 말한 것처럼 하나님은 주로 인간들을 사랑하여 직접 인간 역사로 들어와 구원을 이루신 일종의 우주적 영cosmic spirit으로 여겨졌다. 전통적인 기독교 이야기 속의 하나님과 인간 사이의 이런 친밀한 상호관련성 때문에 우리 그리스도인들은 모든 시대의 사람들에게 일어날 수 있는 모든 중요한 이슈들에 대해 언제나 기독교적 답이 있다는 확신을 가져왔다. 하나님 곧 하늘과 땅의 창조자, 우주의 궁극적인 능력이 사람들과 (특히 그리스도인들과) 그렇게 밀접하게 연관되어 있다면 당연히 그래야 하지 않겠는가?

그러나 오늘날 우리는 우리의 인격 됨의 실존적 문제들과는 뚜렷하게 다른 심각한 문제들로 점철된 시대를 살고 있다. 약 반 세기 전에 시작된 원자핵 시대atomic age와 함께 너무나 많은 것들이 바뀌었다. 우리 인간들은 우리 삶과 다른 많은 생명들의 생존을 가능하게 만든 조건들을 파괴할 힘을 획득했으며, 그 가운데 이런 자기 파괴적 계획을 우리가 계속 수행해도 하나님은 결국 우리를 우리 자신으로부터 구원해주시리라는 믿음은 점점 적절하지 않게 되고 있다. 비록 핵전쟁의 위험은 근래 들어 다소 완화되었지만, 우리 인간들이 특히 근대 이후 그것 없이는 생명들이 살 수 없는 생태적 조건들을 파괴해 왔다는 자각은 핵으로 인한 대량살상이 일어날 것인지 여부와 관계없이 점점 더 깊어지고 있다. 오늘날 우리는 인류가 지구라는 행성의 진화적/생태적 생명 과정들 안에 깊이 뿌리 내리고 있음을 점점 더 이해하고 있고, 그 가운데 하나님을 우리가 그렇게도 급격하게 파괴시키고 있는 것들을 직접 새롭게 하시거나 올바로 만들거나 만들 수 있는 분으로 상상하는 것은 갈수록 어려워지고 있다. 실상 하나님(그리스도인들이 전통적으로 이해해 온 하나님)이 오늘을 살아가는 남녀들의 주된 문제인 생태계 위기를 해결해 주실 것인지 하는 문제는 결코 분명하지 않다.

생태계 문제는 그리스도인들(그리고 다른 사람들)이 이전에 접해보지 못했던 완전히 다른 종류의 문제로서, 하나님을 삶의 모든 악으로부터 구원하시는 전능자로만 생각하면서 예배하고 섬기는 것은 우리가 이 문제의 깊이와 중요성을 명확하게 보기 어렵게 만든다. 오늘날 가장 중요한 종교적인 이슈는 절망이나 생의 무의미 혹은 죄책감이나 죄 됨, 인간의 고통 같은 문제를 어떻게 견뎌내며 또 어떻게 극복할 것인가 하는 점이 아니다. 우리가 직면해야 하는 더욱 근본적 문제는 인간의 삶을 포함한 모든 생명이 살 수 있는 객관적 조건의 문제다. 그것들을 파괴한 것이 우리들이기 때문에 생태적으로 파괴적인 그런 힘들을 역전시킬 방법을 찾아내어야 하는 것 역시 우리들이다.

이것은 반드시 기독교인의 문제만은 아니다. 비록 어떤 점에서 기독교인들이 이 문제를 먼저 보기 시작했기 때문에 책임이 더 있는 것은 사실이지만, 이것은 모든 사람에게 해당되는 문제로서 우리 모두는 그 해결을 위해 각자의 몫을 감당하도록 부름 받고 있다. 그래서 오늘날 인류가 당면하고 있는 핵심적인 종교적 이슈는 이전과는 다른 종류의 것이다. 이제 우리는 그것을 해결할 능력이 기독교 안에만 있다고 주장해서 안 되며, 불교인이나 유대인 혹은 다른 종교인들 역시 그렇게 주장해서도 안 된다. 이제 요청되는 것은 지구 위의 인간의 삶을 생태적으로 책임 있는 방식으로 재편하는 것으로서, 이 문제는 그 어떤 위대한 종교(혹은 세속적) 전통도 이전에 결코 깊이 생각해 보지 않은 것이다. 모든 인류는 이 이슈 앞에 공동으로 일해야 하며, 그렇지 않으면 결코 해결책을 찾을 수 없을 것이다. 이제 신학은 본질적으로 구성적인 작업이 되었으며, 우리가 그 안에서 생각하고 사고하며 살고 예배하는 다양한 종교적, 세속적 전통들 속의 상징체계들은 우리의 긴급한 헌신을 요구하는 이런 문제들의 빛 가운데서 고려되어야 한다.

기독교 신앙을 포함하여 종교들의 초점이 왜 대부분 인간중심적이었는지를 이해하기는 어렵지 않다. 인간의 종교적 신앙은 많은 문화와 종교 속에서 무척 다양히 나타났지만, 그 모두는 우리 선조들이 오랜 세월 살아오면서 부딪친 다양한 문제들을 해결해 보려는 가운데 형성되었다. 실제로 모든 전통적 종교들은 공동체, 혹은 부족이나 민족, 곧 함께 일하고 함께 삶의 문제들을 마주쳤으며 함께 속해 있다고 느꼈던 사람들의 생존을 촉진시키는 데 관심이 있었다. 예를 들어 이스라엘의 하나님 야훼(여호와)는 원래 극적인 능력을 보여줌으로써 이스라엘 백성들을 이집트에서 탈출시킬 뿐 아니라 그들이 하나님이 약속하신 땅인 가나안을 침공했을 때 그들을 군사적 승리로 이끈 능력을 보여주신 구원자 하나님이었다. 야훼는 시편이나 욥기, 예레미야서 그리고 구약성경의 다른 많은 부분에서 나타나는 수많은 부르짖음이 보여주듯이, 그들의 삶이 고통스럽고 힘들고 이해할 수 없게 될 때 언제나 울부짖어 호소할 수 있는 분이었다. 기독교의 이야기가 처음 나타났을 때 그것은 이런 유산 위에 건립되었다. 따라서 그것은 신이 지구 위의 인간의 계획과 아주 깊이 연관되어 있어서, 삶 속의 모든 악에서부터 인류를 구원하여 완전한 인간의 성취가 이루어지는 영생을 가져오기 위해 인간 예수 안에서 지구 위로 내려오셨다고 말했다. 이런 이야기 전부, 곧 이런 전통들 속의 하나님에 대한 모든 생각은 철저히 인간중심적이다. 하나님은 주로 인간 삶에서 유추된 은유들의 용어로 생각되었다. 곧 하나님은 주님이며 왕이며 아버지이며 힘 있는 전사warrior다. 그리고 인간들은 자신들이 나머지 피조 세계와 달리 이런 하나님의 '모양과 형상image and likeness'에 따라 창조되었고, 하나님의 행위는 인간의 삶 및 그 가장 심원한 문제들과 주로 연관되어 있다고 생각했다.

고대 이스라엘로부터 기인한 세 가지 종교(유대교, 기독교, 이슬람) 속의 – 그 가장 강력한 극점은 그리스도 안에서 신이 성육했다는 점 때문에 기독교 신앙에서 발견된다 – 신과 인간의 상징적 복합God-human symbolic complex 안의 이런 깊은 구조는 어쩔 수 없이 근본적인 긴장을 가져오게 되어 있다(그것은 개념적이며 논리적인 부적합성이다). 그 긴장은 하나님 및 인간과 하나님 사이의 친밀한 관계에 대한 이런 전해 받은 이해와, 인간 존재는 지구 위에서 수억 년 동안 진화해 온 생명들의 복잡한 생태적 질서 속에

이루어졌고 또 그것과 분리하여 생각할 수 없다는 점증하는 의식 사이의 긴장이다.3)

'하나님'이라는 상징은 – 중요한 것은 그것이 (하나님의) 본질은 아니라는 것이다 – 대부분의 서구 역사에서 인간의 삶 및 모든 실재를 이해하는 궁극적 준거점ultimate point of reference 역할을 해 왔다. 하나님은 창세기 1장이 말하듯이 하늘과 땅에 있는 모든 것의 창조자이자, 어떤 신조들이 선언하듯이 보이는 것과 보이지 않는 모든 것의 조물주이며 온 세계의 주님으로 믿어졌다. 따라서 인간의 존재와 삶 아니 사실상 모든 실재들이 하나님의 목적과 행위들 안에서 이해되어야 했다. 우리가 앞에서 보았듯이 하나님은 본성상 어떤 일들을 행하시는 행위자/행동자이며 인간 존재는 가장 근본적 의미에서 이 땅에 속한 것, 곧 자연의 질서 안에 있는 것이 아니라 이런 초월적인 하나님과의 연관 안에서 이해되어만 했다. 왜냐하면 사람들이 자신과 자신의 삶을 하나님과 하나님의 행위 아닌 다른 무엇에 따라 이해하는 것은 우상숭배로서, 인간 존재와 삶의 바로 그 원천이자 근거로부터 돌아서는 것이며 인류를 향한 하나님의 뜻에 대한 노골적인 반역이기 때문이었다. 그러나 인간의 삶의 컨텍스트와 근거가 (근대성과 탈근대성에서) 점점 더 진화적이며 생태적 관점에서 숙고되고 있는 상황에서 이제 사람들은 자연을 하나님보다 더 직접적 관심과 헌신의 대상으로 삼고 있다.

오랜 세월 동안 자연과 하나님 사이에는 아무런 심각한 긴장이 존재하지 않았다. 왜냐하면 오늘날 우리가 '자연'이라고 말하는 것은 하나님의 피조물(세계)이며, 모든 면에서 하나님의 창조 행위의

---

3) 이 장의 나머지 부분은 내가 쓴 "생태적 의식과 '하나님' 상징"("Ecological Consciousness and the Symbol 'God'"(Kaufman 2000)을 참고했다.

산물이자 완전히 하나님의 주권 아래 놓여 있는 것으로 여겨졌기 때문이다. 오늘날 우리가 생각하는 자율적 자연autonomous nature이라는 개념은 성경 이야기에는 전혀 나타나지 않는다. 오히려 성경 이야기는 야훼와 이스라엘, 곧 하나님과 인간에 집중되어 있다. 신과 인간 사이의 관계는 모든 다른 것이 그것을 중심으로 회전하는 그 이야기의 중심축이었다. 마지막에 하나님이 "새 하늘과 새 땅"을 만드시는(사 65:17; 계 21:1) 주된 이유 역시 "새로운 예루살렘" 곧 모든 고통과 아픔, 비극이 극복되는 새로운 인간질서(사 65:18-24; 계 21:2-4)를 건립하기 위한 것이다. 창조 세계의 나머지 부분은 언제나 알고는 있었고 이따금 치밀하게 연구되기는 했지만, 신학에서 중심적인 관심이나 중요성을 가지지 못했고 (천사들을 제외하고는) 결코 어떤 전문적인 신학 용어나 교리들의 주제가 되지 못했다.

    그러나 우리가 다루어야 할 실재인 하나님을 우리의 '하늘 아버지'나 우리가 그의 신민인 우주의 '주님'으로 생각하는 전통적인 종교적 용어들 대신에 오늘날 점점 더 많이 사용하고 있는 생태적 관점에서 생각한다면, 곧 자연의 상호 연관되어 있고 상호의존적인 힘들과 과정들로 이해한다면, 우리는 우리 인간이 누구 혹은 무엇이며 또한 우리가 어떻게 살아야 하는가를 아주 다르게 이해하게 된다. 우리가 전통적인 상징인 '하나님'을 구성하는 중요한 모델을 제공해온, 선택하고 목적을 설정하고 의도하고 생각하고 창조하고 말하고 언약을 맺고 하는 등의 특별히 인간적인 활동들과 경험들이 아니라, 자연적인 능력들과 과정들에 대한 우리의 경험에 따라 실재를 이해하게 되면, 우리는 우리가 살고 있는 세계와 그 안의 인간의 위치를 서구 종교전통들이 제시하는 것과는 아주 다른 관점에서 생각하게 될 것이다.

지금까지 말한 바를 요약해 보자. 하나님을 인간 비슷한 존재로 생각하는 것, 그리고 인간이 이런 하나님의 형상을 따라 창조되었다는 믿음과 같은 전통적인 기독교적 인간 이해는 (기독교 신앙과 신학에서) 세계 속의 우리 인간의 자리를 생각하는 생태적 사고방식을 흐릿하게 만들고 방해하는 경향이 있다. 우리는 스스로 물어보아야 한다. 이런 어려움들을 극복하는 신과 인간에 대한 이해를 발전시킬 필요가 오늘날 정말 있는가? 우리는 '하나님' '세계' 그리고 '인류'와 같은 상징과 그들의 상호 관계성을, 자연 질서에 대한 생태적 의식을 희미하게 만들기보다 오히려 더 깊게 할 수 있도록 구성할 수 있을까? 오늘날의 기독교 신앙은 현대 세계에서 그 삶과 행위를 형성하고자 하는 가운데 그 자체를 이런 종류의 새로운 상징적 형태들로 이해하는 데까지 이르러야 하는가? 이제 나는 지구 위의 생명의 발생과 전개 및 생태계 안의 인간 존재에 대한 근대적/탈근대적 진화 개념들과 부합될 수 있도록 위의 세 가지 상호 연관된 상징들의 간략한 재구성을 시도하고자 한다.

II

나는 여기에서 세 가지 개념들을 제시할 것이며, 이 개념들은 한데 뭉쳐서 하나님과 인간 그리고 그들의 관계성을 전통적인 기독교적 사고와 다르게 이해하는 데 도움이 될 것이다. 첫째, 나는 전통적인 육체/영혼 이원론 혹은 '하나님의 형상'이라는 이해 대신에 내가 인간 삶에 대한 **생역사적**biohistorical 이해라고 부르는 것을 간략히 서술할 것이다. 인간을 생역사적 존재로 이해할 때 우리는 우리가 지구라는 행성의 생명체의 그물망에 깊이 연관되어 있음과 동시에 다른 생명들과 철저하게 구별되는 독특한 생명의 형태로 존재하고 있음을 잘 인식할 수 있게 된다. 둘째로, 나는 진화해온 우주 전체 속에 자신을 드러낸, 시간 속의 새로운 현실들의 도래 곧 **예기치 않게 찾아온 창조성**serendipitous creativity이라고 표현할 수 있는 것에 관심을 쏟고자 한다. 내가 여기에서 "창조주 하나님"이라는 전통적 사상이 아니라 창조성이라는 개념을 사용하는 이유는 새로운 실재들의 창조를 지속적 과정들이나 사건들로 이해하며, 또한 우주 바깥에 서서 우주를 조작하는 일종의 우주적 인격의 이미지를 요청하지 않기 때문이다. 내가 볼 때 우리가 '하나님'이라는 단어를 계속 사용하기를 원한다면, 우리는 이 단어를 우주에 드러난 이런 지속적인 창조성을 가리키는 것으로 사용해야 할 것이다. 셋째로 하나님이 세계 속에서 어떤 목적을 가지고 행동하신다는 전통적인 생각, 곧 모든 우주와 역사 과정 안에서 또 그것들을 통하여 힘 있게 움직이신다는 생각은 진화와 역사에 대한 근대적이며 탈근대적인 사고와 조화되기가 거의 불가능하기 때문에, 나는 그것을 진화와 역사 발전의 과정 속에 자연스럽게 발생하는 **궤적들**trajectories 혹은 **방향성 있는 운동들**directional movements이라는 다소 겸손한 개념들로 대신할 것을 제안한다.

다양한 종류의 진화와 역사의 궤적 속에 그 자신을 드러낸 **예기치 않게 찾아온 창조성**이라는 다소 개방적인 (어쩌면 대충 선택한 듯한) 개념은 우주적, 생물학적, 역사문화적 과정들에 대한 오늘날의 사고에 잘 부합할 뿐 아니라 그런 사고를 상당히 확장해준다. 그것은 빅뱅으로부터 시작되어 무한히 확장되고 고도로 복잡하게 된 물리적 우주 및 지구 위의 생명의 진화와, 점진적으로 발생해 온 인간의 역사적 존재를 서술하고 해석하는 데 상당히 유용한 개념이다. 이 엄청나게 광대한 전체 우주 과정은 예기치 않게 찾아온 창조성을 (아주 다양하게) 보여준다. 곧 그것은 새로운 실재들의 모습들이 오랜 시간을 거치면서 생성되었음을 보여준다. 그것은 기존의 상황에서 예상되거나 가능해 보이는 것보다 훨씬 많은 것을 생성시킨 과정으로서, 마침내 그 자체의 구별된 역사와 역사성을 가진 인간 존재의 창조까지 이르는 일련의 과정이다.

그럼 이제 생역사적 존재로서의 인간 이해에 대해 살펴보자. 나는 여기에서 인간 생명의 기원에 대한 진화론적 설명을 옳은 것으로 여기면서 논의를 시작한다. 먼저 인류가 등장하게 된, 즉 인류가 창조된 보다 후기 과정들의 어떤 측면들을 간략히 살펴보기로 하자. 인류가 수억 년에 걸친 진화적 발전 속에서 비교적 덜 복잡한 생명 형태들로부터 발생했으며, 또한 우리를 기르고 유지시켜주는 살아 있는 생태적 그물망living ecological web을 떠나서는 생존할 수 없다는 데는 대부분 동의하지만, 이런 사실들은 오늘날 우리 인간이 도대체 어떤 존재인지를 알려주기에는 너무 모호하고 일반적이다. 인간의 역사가 나타난 더 넓은 맥락인 자연 질서, 곧 인간 존재에 대한 생물학적인 이해만으로는 인간이 가진 독특한 역사적 특성들의 중요성을 결코 제대로 말할 수 없다. 인간은 생물학적 진화뿐 아니라, 그 가장 구별되고 뚜렷한 특성들을 수만 년 동안의 역사적, 사회문화적 발전을 통해 획득해 왔기 때문이다.

지구라는 행성에서 우리가 나타나기 전에 이미 있었던 생물학적 진화와 함께, 수십만 년 이상의 이런 역사적 발전 곧 인간 문화와 활동들과 계획들의 점진적인 발생은 오늘날의 인간들의 창조에 꼭 필요한 것이었다. 뇌 과학자 테렌스 디컨Terence Deacon이 최근에 주장한 것처럼, 우리 인간이 예외적으로 큰 뇌를 가진 존재로 진화한 것은 인간 문화생활의 전개에 중심적인 역할을 했던 언어 같은 상징적 행동들 덕분이었다(Deacon, 1997). 그리고 이런 인간 역사야말로 그 고도로 복잡한 문화적 발전 및 다양한 사회적 조직체들과 함께 상상력과 창조성, 자유와 책임적 행위와 더불어 자의식을 가진 존재가 출현하게 된 (우리가 아는 한) 유일한 맥락이었다. 따라서 분명히 구별되는 인간 존재의 가장 깊은 층위에까지 내려가 보면 우리 인간은 그저 생물학적인 존재만이 아니라 생역사적 존재임을 알게 된다. 곧 우리는 생물학적 진화와 역사적 발전에 의해 형성되어온 존재들인 것이다.4)

이런 생역사적 과정들로 인해 자연과 우리 인간의 관계 역시 바뀌었다. 그 하나의 분명한 예로서 역사적 성장이 끼친 영향력 곧 수천 세대 동안에 걸쳐 이루어온 인간의 자연세계 및 주변의 물질세계에 대한 지식, 그리고 인간이 만든 제도와 조직체 및 여러 가능성들을 생각해 보라. 비록 인류의 문화들에 따라 형태들은 서로 다르지만, 이런 발전들은 어떤 형태로든 언제 어디에서나 찾아볼 수 있다. 그리고 모든 문화권에서 그것들은 사람들에게 그들의 환경과 그들 자신을 제어할 수 있는 상당한 능력을 공급해주었다. 근대 문화에서 인간의 지식은 갈수록 포괄적이고 세련되고 기술적이 되었고, 그 결과 우리들은 우리 존재의 물리적, 생물학적 (또한 사회문화적, 심리학적) 조건들을 상당히 잘 통제할 수 있게 되었다. 오늘날의 인간들과 인류 역사의 앞으로의 과정은, 만 년 전의 인간

---

4) 이 복잡한 발전에 대해서는 3장에서 더 다룰 것이다(특별히 II- IV 단락을 보라).

들과 달리, 완전히 자연 질서와 그 힘들의 처분 아래 놓여 있지는 않게 되었다. 따라서 우리 인간들은 역사 과정을 통하여, 특히 다양한 상징주의와 지식, 기술과 공학들을 통해, 그 어떤 생명체들도 할 수 없었던 자연의 극복(초월)을 이루었다. 결국 좋고 나쁘고에 상관없이 인간들은 지구의 표면을 완전히 바꾸어버렸고 더 넓은 우주공간으로 나아가기 시작했으며, 미래 인간들의 유전자 지도까지 바꿀 수 있게 되었다. 우리 인간들이 이처럼 자연 질서뿐 아니라 역사의 계속되는 진보 전체를 점점 더 통제할 수 있게 된 것은 여러 가지 점에서 이와 같은 역사-문화적 과정들에 의해 형성된 우리 존재의 발전들을 **통해서였다**. 따라서 우리의 **역사성**historicity 곧 진화와 역사에 의해 결정적으로 형성되었으며 미래 역사(더 나아가 미래의 진화까지)의 상당 부분을 형성할 능력까지 부여받은 우리 존재야말로 우리의 인간됨을 가장 분명하게 특징짓는 표지인 것이다.

그러나 지식과 기술의 발전으로 인해 우리는 자연을 초월할 수 있게 되었지만, 그런 대단한 능력도 우리 인간의 계속된 생존을 보장하기에는 턱없이 부족함을 우리는 깨닫게 되었다. 우리 시대의 생태계 위기로 인해, 우리는 증대된 능력을 지구 위에서 행사한 바로 그 일로 인해 생명이 살 수 있는 조건들이 피괴되고 있음에 주목하고 있다. 역설적이게도 우리 자신과 우리가 살고 있는 세계에 대한 이해 및 지구라는 행성의 여러 환경들에 대한 우리의 지배능력이 이제는 바람직하지 않아 보이게 되었고, 결국은 우리를 자기 파멸로 이끌 수 있게 된 것이다. 어쨌든 우주에는 우리 자신의 것보다 훨씬 위대하고 더욱 포괄적인 창조성이 작동하고 있으며, 그것은 우리 인간들의 창조적인 활동들과 계획들과 목적들을 상대화하고 때로는 전복시켜 버린다.

이 사실은 앞에서 언급한 다른 두 가지 개념들을 다시 생각하게 만든다. 나는 앞에서 우주를 영원히 동일한 구조가 아니라 a) 예기치 않게 찾아온 창조성에 의해 구성되고, b) 짧거나 긴 시간의 흐름 속에서 다양한 여러 궤적들을 통해 자신을 드러내는 것으로 생각할 것을 제언했다. 물론 우주에는 아주 다른 방향들로 움직이는 수많은 궤적들이 있고, 여기 지구라는 행성에도 수십억 종의 생명들을 만들어낸 아주 다양한 진화적 궤적들이 있다. 인간의 존재, 그 의도성, 지극히 복잡한 사회적/도덕적/문화적/도덕적 가치들과 의미들, 거의 무한한 상상력과 영광스러운 창조성, 끔찍한 실패, 엄청난 악, 그리고 역사성은 이 궤적 가운데 발생하여 마침내 지구 전체에 확산되고 발전되기에 이르렀다. 그 궤적은 역사성을 가진 존재인 우리 인간들을 만들어 내었고, 우주 안의 예기치 않게 찾아온 창조성은 우리 남자들과 여자들을 존재하게 했다. 역사적 존재 양태 곧 인간의 등장과 함께 분명히 목적을 지닌 (혹은 목적론적) 형태들이 우주에 나타났다. 인간적인 의도, 의식, 행동들이 작동하기 시작한 것이다. 따라서 단순한 물리적 운동이나 진동으로 시작된 것처럼 보였던 우주적 궤적은 (인간 존재가 나타난 순간부터) 점차로 방향성을 발전시켰고 마침내 의도적이며 목적지향적인 행동이 발생하여 번성하게 되는 상황을 만들어 내었다. 앞에서 말한 세 가지 개념들로 인해 우리가 오늘날 생각하는 우주 안에 있는 어떤 방향성에 대해 생각하게 된 것이다.

우리는 이런 진화적/역사적 궤적이 미래에 어떤 방향으로 진행될지 알지 못한다. 우리가 우리의 삶과 미래에 대해 책임 있게 꾸준히 응답한다면, 우리는 인간 존재의 전혀 새로운 가능성들을 열

수 있을 것이다. 어쩌면 이해하기도 상상하기도 어렵지만 인간성과 역사성을 넘어선 어떤 것을 향해 나아갈 수도 있을 것이다. 그러나 정반대로 인간 존재의 완전한 파멸로 그 궤적이 끝나버릴 수도 있다. 우주의 창조성은 그저 제 갈 길을 갈 뿐 우리 인간들의 희망이나 갈망과 반드시 일치된 길을 가지는 않는다. 이는 창조성이 고대 전통들의 하나님처럼, **인간화**humanizing를 지향하고 있지만 - 우리 인간이라는 존재 및 그 모든 가치들과 의미들을 만들어낸 것이 이 창조성이다 - 동시에 **상대화**relativizing 곧 우리와 우리의 기획을 의심할 뿐 아니라 궁극적으로 제한하기 때문이다.5)

우주를 이처럼 다양한 궤적들로 자신을 드러낸 예기치 않게 찾아온 우주적 창조성으로 구성하게 되면, 우리는 우리를 발생시킨 진화적-생태적 궤적이 바로 우리가 있을 적절한 자리이자 우주 안의 우리의 집이라는 점을 깨닫게 된다. 이 사실과 연관하여 네 가지 점을 주목해 보자. 첫째, 이런 접근법은 우리가 아는 한 우주 진화와 역사 과정에서 실제로 발생한 것처럼 보이는 모든 것을 상당히 정확하게 일별할 수 있게 해준다. 반면 기독교적 사고를 그 시작부터 형성해온 고대의 우주적 이원론cosmological dualisms, 즉 하늘과 땅, 하나님과 세계, 초자연과 자연으로 나누는 이원론은 우리 시대에는 너무 문제가 많은 것이 되고, 이런 이해에서는 완전히 사라진다.

둘째로, 이런 접근법은 우주 과정 속의 인간 삶의 현저한 생역사적 특성에 중요한(그러나 지배적이지는 않는) 위치와 의미를 부

---

5) 내가 여기에서 소개하는 이 세 가지 개념들에 대해서는 더 자세한 설명이 필요하다. 더 자세한 논의로는 Kaufman 1993a. 예기치 않게 찾아온 창조성에 대한 나의 가장 최근의 성찰에 대해서는 이 책의 2장과 3장을 보라.

여하며 그 결과로 전통적인 이원론적 인간 이해, 즉 영혼(혹은 영)과 육체, 정신과 물질, '하나님의 형상'을 가진 존재들과 그렇지 않은 존재들로 나누는 이원론적 인간 이해를 폐기시킨다. 더 나아가 이 말은 남성과 여성을 구별하는 가운데 그것이 완강한 성적 이원론에 빠지게 한 근거 역시 다행스럽게도 극복될 수 있음을 뜻한다. 여기에서 주목해야 하는 점은 우리의 집인 생태적 지위ecological niche6)는 인간 삶의 지속에 필요한 물리적, 생물학적 특성들뿐 아니라 어떤 역사적 특성들의 중요성 역시 치밀하게 규명함으로써만 비로소 규정되고 서술될 수 있다는 점이다. 예를 들어 정의, 자유, 질서, 그리고 상호 존중이 충분히 이루어지고 삶을 위한 재화들(음식, 쉴 자리, 건강, 교육, 경제적 기회 등)이 제대로 제공되는 사회문화적 상황에서만 모든 세대의 아이들이 책임적이며 생산적인 남성과 여성으로 성숙할 적합한 기회를 갖게 된다. 곧 그럴 때 남자와 여자들은 그들의 사회와 전 세계적으로 인간의 삶에 필요한 지구라는 행성에 대해 책임성을 보일 수 있다.

   셋째로, 우리 자신과 우리의 생태계의 이런 독특한 생역사적 특성들을 알 때, 우리는 공동체와 (개인들이) 오늘날의 우리 인간들이 살고 있는 다양한 컨텍스트들과 오늘날 인류가 서로 조금씩 다르게 이루어 가고 있는 다양한 사회문화적 발전들을 더 잘 이해하고 더 충분히 평가할 수 있도록 도울 수 있다. 그렇게 함으로써 우리들은 이런 상황과 발전 가운데 더욱 책임적인 역할을 감당할 수 있다. 따라서 지구라는 행성 위의 우리의 다양한 인간의 상황에

---

6) 역자주: 생태적 지위란 어떤 생물종이 살아갈 수 있는 조건 외에 식생과 천적관계 등을 따져 결정된다. 따라서 작은 서식지 안에 다양한 생물이 공존하는 것은 생태적 지위가 다르기 때문이다. 그러나 호반새, 원앙, 파랑새처럼 생태적 지위가 일부 겹치거나 동일한 종자들 사이에선 경쟁이 일어나게 된다.

직접적으로 적절한 **규범적인 생각**은 이런 생역사적 이해에 의해 촉진된다. 반면에 우리가 물려받은 전통들 속의 너무 인간중심적인 도덕, 종교, 정치, 경제는 의심스럽게 되며 현저하게 변화되어야 한다. 이 점이 세상 속의 창조성의 차원을 인간화하고 상대화하는 예기치 않게 찾아온 창조성의 드러남이라 할 수 있을 것이다.

넷째로 이런 접근법은 우주적 창조성이 우리에게 중요한 인간됨과 인간다운 가치 그리고 우리의 생태적 지위와 깊이 연관되어 있음을 강조하기 때문에, 인간 세계의 미래에 대한 희망을 가질 수 있게 해준다. (그러나 이 말은 반드시 그렇게 된다는 말이라기보다) 미래의 인간 역사의 방향이 전반적으로 잘 될 수 있으리라는 희망이다. 곧 그것은 생태적이자 도덕적으로 책임적이고 다원적이며 현실에 적합한 인간 존재를 향한 진실로 창조적인 운동들이 가능할 수 있으리라는 희망이다. 이런 종류의 희망은 이 세계 안의 신비한 창조성mystery of creativity에 근거한 희망이며 – 이 창조성은 우리가 속해 있는 궤적에서 우리 자신의 창조적 능력을 통하여 부분적으로 분명히 드러났다 – 사람들로 하여금 더 인간적이며 생태적으로 더 올바르게 질서 잡힌 세계를 만드는 데 자신들의 삶을 헌신하도록 동기부여를 할 수 있다. 만일 하나님이 일종의 전우주적 인격이기보다 우주 전체를 통하여 자신을 드러낸 창조성으로 이해되고, 우리 인간 역시 지구라는 행성 위의 생명의 그물망web of life 안에서 또 그것을 통하여 이 창조적 활동 안에 깊이 잠겨 있고 또한 그것에 의해 지지되는 존재로 이해된다면, 우리는 이런 살아 있는 창조성의 그물망web of living creativity에 적합한 태도들을 발전시키고 또 그런 행동에 참여하도록 강력하게 격려될 수 있다. 그 때 우리는 이 그물망 속의 우리의 궤적의 지속적인 창조적 발전, 곧 우리 인간들 속의 하나님의 활동에 응답하는 삶으로 인도되며 그렇게 하는 가운데 그것에 공헌할 수 있게 된다(신적인 창조성과 우리의 창조성의 상호 교차의 문제는 3장에서 자세하게 다룰 것이다).

III

물론 실재에 대한 이런 관점, 곧 이런 오리엔테이션의 틀을 받아들이라고 강요할 수는 없다. 오직 개인적이며 공동체적인 결단, 삶과 세계의 궁극적인 신비ultimate mystery 앞에서의 신앙적 행위들에 의해서만 그것은 우리의 것이 될 수 있다. 생역사적 궤적은 우리 인간들에게 필요한 결단들과 운동들을 하도록 창조적으로 충동하여, 우리를 현재의 조건과 삶의 질서 너머로 나아가도록 인도한다. 만일 우리가 사방에서 부딪쳐 오는 역사적이며 생태적인 힘들에 창조적으로 응답한다면, 현재 우리가 알고 있는 생태적 지위niche보다 더 넓고 적절한 생태적이며 역사적인 지위들이 지구 위에 펼쳐질 수 있을 것이다. 그러나 제대로 응답하지 못한다면 인류는 그리 오래 존속하지 못할 것이다. 과연 우리는 전 우주에 편만한 예기치 않게 찾아온 창조적인 사건들이 우리를 지원하고 힘을 실어줄 것임을 희망하는 가운데 생역사적 상황이 요구하는 명령들을 따라 살고 행동하겠다고 헌신할 수 있을까? 나는 이렇게 하는 것이야말로 우리를 존재케 했고 이제는 우리를 부르는 그 궤적을 희망하고 믿고 헌신하는 것이라고 생각한다.

앞에서 제시한 것처럼 하나님을 세계에 자기를 활짝 드러낸 예기치 않게 찾아온 창조성으로 생각한다면, 그것은 기독교의 상징 체계에 대한 전통적인 해석들과는 아주 다른 종류의 신앙과 희망 그리고 경건이 될 것이다. 물론 이 때에도 기독교가 강조해 온 어떤 것들은 더 깊은 의미를 갖게 될 것이다. 무엇보다 중요한 것으로 만물의 궁극적인 신비인 하나님을 이런 은유로 이해할 때, 우리는 (전통적인 창조주/주님/아버지 이미지보다 더욱 효과적으로) 하나님과 우리 피조물 사이의 결정적인 질적 차이를 강조할 수 있을 것이다. 오늘날의 세계에 드러난 창조성이야말로 헌신과 예배의 단 하나의 타당한 초점이자 우리 삶의 전반적인 방향을 제대로 설정해 줄 수 있는 유일한 것이다. 모든 다른 실재들은 유한하고 일시적이며 타락한 피조물들이어서 그것들을 인간 삶의 방향 설정에 중심적인 것으로 예배하면 위험한 우상들이 되고 그 때 인간의 삶은 큰 재난을 맞게 될 것이다. 하나님(창조성)과 피조된 질서 사이의 이런 구별이야말로 유일신론적인 종교 전통들이 인간의 자기 이해에 가져온 가장 중요한 공헌이며, 나 역시 내가 여기에 개관하는 상징적인 모습에서 계속 강조하는 부분이다. 둘째로, 이 첫 번째 요소와 연관하여, 인간을 하나님 자신의 형상이란 점에서 모든 다른 피조물들과 구별되는 창조의 완성이 되는 피조물이기보다, 우주 전체에 걸쳐 움직이는 수많은 창조적 궤적들 중의 하나에서 발생한 생역사적 존재로 이해할 때, 우리는 우리 인간들이 확고하게 창조된 질서의 한 부분임을 분명하게 파악할 수 있다. 우리는 이런 그림 속에서 전통적인 기독교 사고 속의 과도한 인간중심성이나 기독교중심성은 철저히 배제하게 될 것이다.

　우리가 창조성을 예수의 인격과 그의 이야기가 가진 통렬함 및 힘과 긴밀하게 연결되어 있는 하나님으로 볼 때, 여기서 내가 제시하는 신 이해는 인간의 신앙과 삶에 대한 하나의 완선한 기독교적 해석으로 발전될 수 있다. 이는 골로새서 1장이 말하듯이 그리스도인들은 예수를 "보이지 않는 하나님의 형상"으로 여기기 때문이다.[7] 오늘날 다른 사람들에 대한 자기희생적 사랑과 공동체적인 화해와 성숙을 특히 강조하는 신약성서의 그리스도적인christic 이미지를 실상 인간의 가능성을 훼손하는 덫trap으로 보는 사람들이 많이 있다. 그런가 하면 그리스도적인 이미지와 이야기들이 아름답고 낭만적이기는 하지만, 이 세상에서 작동하는 가치와 기준과 아주 다르기 때문에 우리들이 살아가는 냉혹한 '실제 세계'에서의 방향을 잡아주는 데는 사실상 아무 소용이 없다고 생각하는 사람들도 많이 있다. 그러나 이런 그리스도적인 이미지와 의미는 여전히 감동적이다. 왜냐하면 그것들은 우리의 소외된 인간 삶에 아주 중요한 그 무엇을 계시하기 때문이다. 화해, 사랑, 평화, 자기희생, 자발적 가난, 우리의 원수에 대한 관심, 대속적 고난 등은 우리들이 모두 서로 깊이 연결되어 있음deep interconnectedness을 가리키고 있다. 따라서 그것들은 우리의 인간 세계가 진정으로 더 인도주의적이 되려면 개인과 공동체가 마땅히 따라가야 할 방향을 보여주고 있다.

우리가 주로 자기 확장적 행위를 지향하고 있다면 그것이 다른 사람에게 미치는 정도에 관계없이 살 만한 세상은 결코 만들어지지 않을 것이다. 또한 정치적인 것이든 경제적, 군사적 혹은 종교

---

[7] 이 책의 맺는말 부분에서 나는 그리스도 중심적인 유신론과 여기에서 제시되고 있는 전반적인 신학적 프로그램의 관계를 더 충분히 서술할 것이다. 또한 Kaufman 1993a의 25장과 27장 및 Kaufman 1996a, 특히 7장과 9장을 보라. 이 뒤의 두 책에서 나는 인간 예수에게만 초점을 맞추지 않는 "더 넓은 그리스도론"을 서술했다.

적인 것이든 관계없이 폭력적인 힘을 계속 찬양하는 것 역시 – 이 점이 특히 미국의 문제이다 – 이런 세계를 창조하는 데 아무 도움이 되지 않을 것이다. 그룹, 계층, 인종, 혹은 세대 사이에 아무런 차별이 없고 오직 바울이 말하듯이 사람들이 "서로 지체가 되어 있음을"(롬 12:5) 깨달아 아는 화해의 공동체에 대한 이미지만이 오늘날 마땅히 해야 하는 헌신과 고수해야 하는 충성심을 우리에게 요구할 수 있다. 우리를 더 나은 인도주의적 세상으로 나아가도록 압박을 가하는 저 우주적이고 역사적인 힘들과 연대하려면, 우리는 마땅히 그렇게 해야 한다. 이런 희망과 꿈이란 맥락에서 볼 때 모두가 "풍성한 삶을 얻게 하기 위하여"(요 10:10) 그 자신을 완전히 그리고 비폭력적으로 주신 자기희생적인 예수의 이미지는 지극히 중요하다. 폭력과 공격적 자기주장으로 점철된 이 세계가 진정 인도주의적이고 인간적인 세계가 되기 위해 꼭 필요한 가치의 철저한 역전radical transvaluation of values의 생생한 표상이 여기에 있다. 초기 그리스도인들은 하나님께서 이와 같은 치유와 화해를 위하여 자신들을 부르셨다고 믿었고, 그들 가운데 또한 그들 안에 활동하고 있는 것은 신적인 영의 능력이라고 믿었다. 곧 그들은 (이 책의 언어를 사용하자면) 세계를 진정으로 인도주의적인 방향으로 움직이게 하는 저 진화적이며 역사적인 동력이 이런 부르심에 대해 적극적으로 응답하도록 자신들을 이끌었다고 믿었던 것이다. 예수와 초기 그리스도인들이 상상했고 상징화했던, 화해시키고 치유하는 이 능력은 오늘날에도 남자들과 여자들을 불러서 이런 화해하는 활동을 필요로 하는 세상 곳곳에서 응답하고 일하게 한다.

이런 중요한 표지를 마음에 담고 나는 내가 앞에서 간략하게 개관했던 하나님, 인간, 세계에 대한 개념들에 대한 이런 재구성을 오늘날의 진화적/생태적 감수성과 지식의 빛 안에서 기독교 신앙을 위한 하나의 길로 – 아마도 어떤 다른 신앙들을 위해서도 – 제시하고자 한다.

내가 생각할 때, 이런 신앙의 변혁은 결코 쉽지 않으며 또한 금방 이루어지지도 않을 것이다. 물론 남자들과 여자들은 그들이 살아온 신앙의 구조를 이따금 바꾸기도 하고(곧 종교적 회심이 일어나기도 하고) 사람들이 변하듯 이런 변화 역시 시간의 흐름 속에 이루어지기도 한다. 그러나 이런 문제들은 우리의 자아와 우리의 종교적, 문화적 가치들, 헌신들 그리고 실천들 속에 깊이 내재되어 있기 때문에, 의도적인 결정으로 어떤 변화를 가져오기는 아주 어려울 것이다. 그러나 삶과 세계 안에서의 그들의 현재 생활방식에 대해 깊이 실망한 사람들은 때로 대안적인 입장으로 향하는 의도적인 움직임을 가능하게 하는 길을 찾을 수 있다. 예를 들어 사람들은 그런 결정이 그들의 세계와 삶, 가치 그리고 의미를 결정적이며 전례 없는 방식으로 바꾸어버릴 것을 충분히 알면서도, 그들이 원래 사회화되었던 것과는 상당히 다른 형태의 문화나 종교 안으로 영구적으로 이동해 들어가기로 결정할 수 있다. 이렇듯이 만일 매력적인 대안이 가능하다면 개인이나 공동체는 삶의 방식이나 가치에 대한 헌신, 의미에 대한 이해, 그리고 기본적인 신앙적 자세에서 다양한 정도의 변화들을 선택할 수 있다.

이 책에서 나는 생명과 세계에 대한 기독교적 방향 설정을 위하여 기독교 신앙에 대한 하나의 대안을 제시하고자 한다. 기독교의 기본적인 상징들에 대한 전통적인 이해들을 깊이 받아들인 오늘날의 많은 그리스도인들에게 이런 대안은 만족스럽지 않을 것이며 따라서 그냥 무시해 버릴 것이다. 그러나 기독교 신앙과 삶에 대한 이런 식의 사고에서 해방감이나 심지어 구원적인 요소를 발견하는 사람들도 있을 것이다(내가 이렇게 믿는 근거도 있다). 자신들의 깊은 기독교적 헌신과 오늘날의 세계에서의 인간 삶에 대한 근대적/탈 근대적 의식과 이해를 조화시키는 데 실패를 거듭하여 낙심한 사람들에게는 내가 제시하는 제언이 자신들의 신앙을 설득력 있고 도전적이 되도록 만들어 가는 데 도움이 될 것이다.

2장

하나님을 "예기치 않게 찾아온 창조성"으로 생각하는 것에 대해

1장에서 나는 오늘날 하나님을 생각하는 데서 예기치 않게 찾아온 창조성이라는 은유가 하나님에 대한 전통적인 이미지/개념인 창조주, 주, 아버지보다 낫다고 주장했다. 이 장에서 나는 이 주장을 더 자세하고 정교하게 탐구하고자 한다. 우주와 인간의 삶과 역사를 포함한 생명의 발생에 대한 오늘날의 과학적, 우주적, 진화적 이해와, 전통적인 인간중심적 용어들로 구성된 하나님 개념을 지적으로 의미 있게 서로 연관시키는 것은 사실상 불가능하다. 그러나 창조에 대한 성경적 개념의 후예이며 진화라는 사상 자체가 함축하는 창조성이라는 은유에는 근대적/탈근대적 신 개념을 구성할 수 있는 종교적으로 가치 있고 의미 있는 자원들이 있다. 이 장에서 나는 창조성이라는 개념을 그것이 함축하고 있는 심히 예기치 않게 찾아오는 신비라는 관점에서 탐구하며, 특히 오늘날의 생태적 이슈와 연관하여 볼 때 그것이 오늘날의 인간의 삶을 이끌어

가는 데 아주 유용하다는 점을 밝힐 것이다. 또한 그것이 악과 "사랑의 하나님"과의 관계 같은 전통적인 신학적 주제들에 대해 가지는 의미를 탐구할 것이다. 나는 하나님을 예전부터 내려온 신인동형론적인 방식이 아니라 예기치 않게 찾아온 창조성으로 이해할 때 인간의 삶과 신앙이 어떤 모습이 될 것인지를 간단하게 서술함으로써 이 장의 결론을 맺을 것이다.

프롤로그에서 언급했듯이 성경 본문들은 기독교 및 하나님에 대한 서구 사상들을 형성해온 가장 강력한 원천이었다. 그 본문들이 기록될 때의 사람들은 우주를 지구와 그 직접적인 환경들(하늘들)로만 국한하여 생각하였다. 이렇게 이해된 우주는 물론 그 안에 사는 인간들에 비하면 당시에도 아주 거대한 것이었으나 오늘날의 기준으로 보면 지극히 작다. 그 당시의 역사적-문화적 상황에서는 창세기 1장처럼 우주 이전에 있었고 또 우주로부터 멀리 있었던 어떤 전능한 인격적 존재가 능력으로 우주를 존재케 했고 더 나아가 땅의 흙덩이를 가지고 인간을 포함한 피조물들을 만들었다고 생각하는 것이 전혀 문제가 되지 않았다(창 2장). 이런 유형의 창조성은 당시에 널리 알려져 있었기 때문에 사람들이 우주가 이런 행위를 통해 만들어 졌다고 상상했다고 해서 별로 놀랍지는 않다. 아무튼 성경 이야기들은 아직도 많은 사람들이 설득력 있는 이야기로 믿고 있는, 사물들의 궁극적인 기원과 만물들 뒤에 존재하는 궁극적인 한 인격적 능력, 즉 하나님에 대한 이야기를 제공해왔다.

그러나 내가 볼 때, 우리는 하나님을 더 이상 이런 식으로 생각할 수 없다. 하나님을 우리가 '우주'라 부르는 것 이전에 또 그것과 독립하여 계시는 전능하신 인격적 실재로 생각할 때 우리가 상상하는 것은 무엇인가? 우리가 아는 한, 인격적 행위자들은 아주 특별한 종류의 수십 억 년 동안의 우주 진화와 역시 아주 특별한 종류의 수십억 년 동안의 생명의 진화가 있은 다음에야 존재하게 되었다. 그런데 어떻게 오늘날 우리는 사람 비슷한person-like 창조자 하나님creator-God이 이런 진화적 발전 이전에 그 모든 것과 관계없이 존재했다고 생각할 수 있는가? 이런 전통적인 신 이해가 우주를 근대의 진화론적인 방식으로 생각하는 우리 같은 사람들에게 어떤 내용을 가질 수 있을까? 이런 진화적 이해에 따르면 모든 생명과 의식은 아주 특별하고 예외적인 조건들 속에서만 발생할 수 있는데 말이다.1)

---

1) 현대의 진화 생물학과 우주론을 진지하게 여기는 신학자들의 종교와 과학의 관계에 대한 최근의 논의들에서 여기에서 언급한 문제와 연관된 어떤 문제점을 보게 된다. 가령 존 폴킹혼John Polkinghorn의 그렇지 않았으면 더욱 탁월했을 그의 논문인 "카오스 이론과 신의 행위"에 나타나는 세계 속의 하나님의 행위에 대한 생각을 보라. "그 모습은... 인간이라는 행위자와 신적 행위자가 그 성취를 위해 함께 역할을 수행하는 열려 있는 미래에 대한 모습이다. 기독교 신학은 하나님과 세상과의 관계에 대한 받아들일 수 없을 정도의 두 가지 극단적인 그림들 사이의 길을 찾고자 최선의 노력을 경주해 왔다. 하나는 모든 것을 신적인 의지에 의해서 주도하는 우주의 독재자 상이다. 이런 하나님은 우주의 꼭두각시 인형 주인과 같다... 다른 극단은 그저 일어나는 일을 멀리 떨어져 바라만 보는 이신론의 하나님으로 기독교적 사고로 받아들일 수 없는 것이다. 우리는 하나님이 창조 세계를 과도하게 주도하지 않으면서도 그것과 관계를 맺는 중용의 길을 찾는다... 현재의 논의에서 우리가 시도하는 모든 것은 세계의 움직임에 대해 과학이 우리에게 말하는 것을 가장 진지하게 받아들임과 동시에 너무 무기력하여 신적 섭리가 우주의 역사에 지속적이며 일관성 있게 이루어지도록 못하지는 않는 그런 하나님을 여전히 믿는 것이다" (1996, 249). 이 논문에서 폴킹혼은 "세계의 움직임에 대해 과학이 우리에게 말하는 것을 가장 진지하게 받아들인다"고 하면서도 한 가지 중심적인 과학적 이해를 배제하고 있다. 곧 우리의 세계에서 발견되는 의식적인 의도, 목적 있는 행동, 의도성을 가지고 만든 인공물, 사랑하는 태도와 행동 등은 오직 수십억 년 동안의 우주적, 생물학적, 그리고 역사적인 발전이 그런 것들의 발생에 필수적인 조건들을 만들어 준 다음에야 비로소 가능하게 되었다는 사실이다. 그러나 폴킹혼이 하나님을 생각할 때 받아들이는 신인동형론적인 모형에서는 이런 특성들이 모든 영원들을 통하여 현재 주어져 있고 활동하고 있는 것으로 간주된다. 곧 폴킹혼은 "과학이 말하는 것을 가장 진지하게 받아들인다"고 하면서도 이런 복잡한 현실들에 대한 중요한 과학적인 주장들을 무시하고 있다. 이 문제에 대한 더 깊은 논의는 이 책의 3장, 특히 I과 II를 보라.

그러나 창조주라는 개념과 대조적으로 창조성이라는 생각, 즉 이전에 없던 새롭고 신기한 것이 시간을 거쳐 생성되었다는 생각은 오늘날 상당히 설득력이 있다. 그것은 우리의 우주는 진화해 왔고 새로운 질서의 실재들은 그 안에서 극히 복잡한 시간적 전개 과정을 통해 생성되었다는 신념과 긴밀히 연결되어 있다.2) 그래서 나는 신학적인 성찰과 구성에 관심을 가진 사람들은 창조성이라는 개념을 계속 탐구해야할 것이라고 생각한다. 그러나 이런 창조성이 창조자-행위자creator-agent(이런 개념은 더 이상 지적으로 의미가 없다)에게 속해 있는 것으로 생각해서는 안 된다. 이렇게 생각을 바꾸는 데는 비록 약간의 심각한 모호성과 문제들이 있기는 하지만 많은 유리한 점들이 있다.3) 이 장에서 나는 그 중의 몇 가지를 성찰해 봄으로써, 1장에서 하나님을 창조성으로 개관한 것의 어떤 측면들을 좀 더 탐구하고 다듬어 보고자 한다.

I

첫째로, 창조성이라는 개념이 가진 몇 가지 특징을 간단히 살펴보자. 창조성이라 했을 때 사람들은 이를 우주에서 작동하고 있는, 새로움을 생성하는 일종의 힘force으로 생각하기 쉽다. 실상 나의 저술과 강의 속의 몇 가지 수사적 표현 역시 그런 느낌을 주기

---

2) 뇌 과학자인 테렌스 디컨Ternece Deacon이 관찰한 것처럼 "진화는 무로부터 어떤 것을 만들어낼 수 있는 과정 중의 하나이다... 진화과정은 창조과정이다... 진화는 그 자발적인 창조물의 저자이다"(1997, 458).
3) 이 문제들에 대한 찬반 부분에 대한 자세한 논의는 Kaufman, *In Face of Mystery*, 특히 19-22장을 보라.

도 했다(예컨대 《신비에 직면하여In Face of Mystery》, Kaufman 1993a). 이렇게 생각할 때 창조성은 하나님을 힘의 개념으로 대체한 것, 즉 인격적이며 행위자적이기보다 그저 일종의 비인격적인 힘으로 여겨질 수 있다. 그러나 창조성을 비인격적인 힘이라고 주장하는 것은 진실로 새롭고 낯선 실재들의 생성에 대해 우리가 실제로 알고 있는 것보다 더 많이 알고 있다고 말하는 것이다. 실상 창조성이라는 개념 자체는 강한 신비의 느낌을 포함하고 있다. 비록 신학적 컨텍스트에서의 '신비'는 모든 인간 지식에는 근본적 제약이 있음을 가리키는 정도에 불과하고 여기서 말하는 그런 의미를 갖고 있지 않는 반면(Kaufman 1993 a, 54-69), 창조성은 새로운 것의 생성에 관심을 돌리게 한다는 점에서 '신비'와 구별되지만 말이다. 어쨌든 창조성은 심히 신비롭다. 무로부터의 창조creatio ex nihilo라는 저 고대의 구절이 강조하듯이 우리 인간은 완전히 새롭고 낯선 존재의 생성을 결코 이해할 수 없다. 우리는 왜 어떤 것이 없지 아니하고 있는가 하는 저 오래되고 결코 대답할 수 없는 질문을 생각할 때 이 사실을 가장 분명하게 보게 될 것이다. 니콜라스 베르쟈예프 Nicholas Berdyaev가 말한 것처럼, "창조는 삶의 가장 큰 신비이다. 그 신비는 전에 결코 존재하지 않았던 새로운 어떤 것의 나타남이며 그 무엇으로도 축소될 수 없고 그 어떤 것으로부터도 유래할 수 없다"(1937, 163). 따라서 창조성을 일종의 '힘'으로 간주하는 것은 우리가 실상 알지 못하면서도 존재하는 이것 혹은 저것에 대해 희미하게라도 알고 있다고 주장하는 것에 불과하다. 우리 모두가 아는 것은 그저 새롭고 낯선 실재들이 시간 안에 존재하기 시작했다는 것뿐이다. 모든 창조성에는 예기치 못함이란 특성이 들어 있다. 우리가 예상한 것보다 더한 무엇이 발생하며 현 상황에서 가능해 보이는 것보다 더한 어떤 일이 일어난다(Kaufman 1993a 279).[4] 생명 진화의 경우 이런 창조성은 우발적인 변이chance variation와 선택적 적응selective adaptation을 통해 나타나지만, 이 둘 중 어떤 것도 새로운 창조를 직접 만들어낸 (일반적인 의미에서의) '원인' 이나 '힘'이라고 말할 수 없다. 비록 어떤 경우, 가령 생명 진화의 경우 그것이 일어날 수 있는 조건들에 대해 우리가 구체적으로 말할 수 있지만 그럼에도 불구하고 창조성은 그냥 발생한다happens. 이 점이야말로 절대적으로 놀라운 신비이다.[5]

'창조성'은 이처럼 신비라는 사상과 긴밀히 연관되어 있기 때문에 하나님에 대한 좋은 은유가 된다. 제대로 사용되기만 하면 그것은 하나님이 모든 것의 절대적 신비라는 사상, 곧 우리가 결코 완전히 꿰뚫어보거나 해체해버릴 수 없었던 신비이며, 앞으로도 영원히 완전히 알거나 해체해 버릴 수 없는 신비라는 사상을 보존할 수 있다. 창조성이란 개념의 이런 측면으로 인해 우리는 우리 종교 전통의 어떤 부분이 창조자 하나님이라는 말로 표현하는 것보다 더욱 신비로서의 하나님에 대해 더 깊은 감수성을 가질 수 있는 것이다. 왜냐하면 창조자 하나님이란 개념 속에는 이미 궁극적 신비(하나님)가 도자기공이나 조각가가 예술품을 만들듯이(창 2장), 시인이나 왕이 말을 함으로써 명령하고 실재를 가져오듯이(창 1장), 사실상 사람 같고 행위자 같은 존재, 어떤 일을 하도록 '결정

---

[4] 이 부분에 대해서는 "역사 속의 뜻밖의 발견"에 대한 논의를 보라. Kaufman 1993a, 273-80.
[5] 생명(과 다른 곳에서)의 고도로 복잡한 생명의 연결망의 문제를 다루는 **복잡계 complexity**에 관한 최근의 이론화 작업은 변화들이 예상치 못하는 '임계점tipping point'에 이르게 되면 이전의 유기체적 형태들은 붕괴되고 새로운 종류가 발생하기 시작하여 전혀 새로운 낯선 형태들을 만들어 낸다고 주장한다. 세계 속에서의 이런 종류의 계속되는 창조성에 대해서는 이 책의 3장 3절을 보라.

하는' 존재, 목적을 설정하고 그 목적을 실현해 가는 존재임을 우리가 이미 알고 있음을 함축하고 있기 때문이다. 물론 창조성에 대한 이런 모델이 없었다면 성경의 저자들은 창조에 대한 그들의 철저한 이해, 나중에 무에서부터의 창조라고 다듬어진 이해를 결코 만들지 못했을 것이다. 그러나 다윈 이래로 우리들은 이 중요한 창조성을 다르게 생각할 수 있음을 배워왔다. 사실상 진화 이론이 말하듯이 인간 행위자적인 모델을 따라 이해된 창조성은 긴 시간의 흐름 속에 아주 복잡한 생명의 형태들을 만들어낸 우주적 과정들로 인하여 존재하게 되었다(혹은 창조되었다). 따라서 오늘 우리 시대의 가장 근본적인 종류의 창조성은 인간의 목적지향적 행위를 통해 드러나기보다 우주와 생명의 진화 속에서 예시되는 것 같은 창조성이다. 비록 우리가 진화적 모델을 어느 정도는 정확하게 서술할 수 있지만, 그것은 그 어떤 식으로도 존재하는 모든 것의 뿌리가 되는 그 가장 심원한 창조성을 넘어설 수 없다. 왜 어떤 것이 있고 없지 아니한가? 왜, 그리고 어떻게 새로운 것이 시간의 흐름 가운데 존재할 수 있게 되었는가? 이런 질문들에 대해서는 빅뱅 이론도 충분한 빛을 던지지 못하며, 단지 이런 질문들을 계속해서 극히 날카롭게 제기하도록 만들 뿐이다.6)

생명과 세계의 궁극적 신비를 이런 식으로 생각하는 것은 우리

---

6) 빅뱅에 대해서는 3장에서 좀 더 자세히 다룰 것이다. 그러나 빅뱅으로는 왜 어떤 것이 있고 없지 아니한가 하는 질문에 대답할 수 없음을 주목할 필요가 있다. 우리는 완전히 그 자체로만 발생하는 한 사건이라는 것은 생각할 수 없다. 왜냐하면 우리의 모든 경험에서는 사건들은 언제나 그것들에 앞서 있고 그것들을 둘러싸며 그것들을 뒤따르는 다른 사건들과의 관계 속에서만 일어나기 때문이다. 따라서 "사건"이란 개념 자체는 절대적 시작이라는 생각을 처음부터 배제한다. 어거스틴은 오래 전에 이런 문제들을 알고 있었다. 근대의 우주론자들 역시 이런 문제들을 알고 있었고 빅뱅을 컨텍스트화 하는 방식들에 대해 생각하고자 했다. 이 문제에 대한 논의는 이 책의 3장 1절을 보라.

는 신을 어떤 식으로도 구체화할 수 없고 진정으로 알 수도 없다는 (가령 하나님을 우리와 언약을 맺으시고 특별한 방법으로 우리를 돌보시는 분이란 식의 인간 비슷한 행위자로 생각할 수 없다는) 부정신학 전통의 관심사와 잘 부합된다(부정신학에 대해서는 서론의 V를 보라). 사실상 우리는 신을 절대로 알 수 없다. 독일의 찬송가 작가 게르하르트 테르스티겐(Gerhard Tersteegen, 1769 사망)의 말처럼 "이해될 수 있는 하나님(인간의 개념과 이미지로 포착되고 따라서 우리가 지배할 수 있는 하나님)은 진짜 하나님이 아니다."[7] 위 디오니시우스pseudo-Dionysius, 마이모니데스Maimonides, 토마스 아퀴나스Thomas Aquinas, 에크하르트Eckhart, 루터Luther 등은 모두 이 사실을 알고 있었다. 비록 불행하게도 그들은 하나님에 대한 구체적인 '경험들'이나 하나님의 '계시들'을 말함으로써 이런 통찰들을 계속 고수하지 못하고 타협했지만 말이다(물론 그렇게 하다 보니 사람들에게 심원한 지식과 위로, 그리고 확신은 줄 수 있었다). 그러나 내가 여기에서 제시하는 관점에 따르면, 더 이상 이런 타협이 계속되어서는 안 된다. 하나님은 완전한 신비, 창조성의 신비이다. 하나님을 창조성으로 말하는 것은 삶이 우리로 하여금 직면하게 만드는 신비의 궁극성을 결코 약화시키지 않는다.[8]

내가 제시한 것처럼 창조성이란 은유는 1) 신비인 하나님의 궁

---

[7] 인용은 R. Otto, *The Idea of the Holy* (1917, 1959), 25.
[8] 이런 종류의 움직임 곧 창조성이란 은유에 초점을 맞춤으로서 우리의 하나님 이야기 속의 신비의 차원을 강화하는 것은 기독교 신학자들과 동아시아 문화의 명상적 차원들의 어떤 부분을 고수하는 사람들 사이의 대화를 활발하게 만들 수 있는 이점이 있다. 가령 불교의 수니야타(sunyata, 空) 은유는 창조성이란 사상과 비슷한 동기들을 가지고 있는 듯 보인다. 유교의 하늘(천 天) 사상과 도교의 혼돈chaos 역시 유사성을 가지고 있다. 하나님을 창조자 아닌 창조로 이해할 때 우리는 이런 동아시아 전통들의 대변자들과 생산적인 대화, 더 나아가 협력적 사고를 할 수 있을 것이다.

극성을 보존하고 더 나아가 강조한다는 점에서, 2) 하나님을 직접적으로 새롭고 낯선 것이 시간 속에서 생성되는 것과 연관시킨다는 점에서 하나님을 명명하는 적절한 방식이다.9) 나는 이 두 번째 요점의 중요성을 창조성의 예기치 못한 측면에 주의를 기울임으로써 강조하고자 한다. 그것은 우리가 하나님을 이런 식으로 이해하고자 할 때 특별히 중요하다. 물론 인간들은 세상 속의 창조적 과정들을 인식하고 또한 그런 과정들 없이는 우리 인간들과 이 세상 안의 모든 것들이 전혀 존재할 수 없었으리라는 것을 믿을 수 있는, 우리가 아는 한 유일한 존재들이다. 따라서 오직 인간들만이 세상 안의 창조성의 가치를 알 뿐 아니라 특히 그 예기치 않게 찾아오는 특성을 소중하게 여길 수 있다. 만일 우리가 우리 자신의 존재를 귀하게 여긴다면 우리는 아주 놀랍고도 우발적인 일련의 사건들을 통하여 인류 발생을 이끌어 내었던 지속적인 생성을 '예기치 않게 찾아온 것'으로 여길 수 있다. 우리는 천문학자 마틴 리스Martin Rees의 다음의 말처럼 아주 특별한 사건들이 연속적으로 발생하지 않았다면 결코 존재하지 못했을 것이다.

우리 인간과 같은 생명으로 진화가 이루어지려면 별들이 그 초기 세대들의 모습으로 진화되고 소멸되는 가운데 화학물질들을 만들

---

9) **하나님**과 **시간 속에 찾아오는 새로운 존재**를 연결하는 것은 오래 선 이사야에 의해서 이루어졌다. 그는 야훼가 이렇게 말씀하신다고 한다. "보라. 내가 새 일을 행하리니 이제 나타낼 것이라. 너희가 그 것을 알지 못하겠느냐. 네가 들었으니 이 모든 것을 보라. 너희가 선전하지 아니하겠느냐. 이제 부터 내가 새 일 곧 네가 알지 못하던 은비한 일을 네게 듣게 하노니 이 일들은 지금 창조된 것이요 옛 것이 아니라. 오늘 이전에는 네가 듣지 못했으니 이는 네가 말하기를 내가 이미 알았노라 하지 못하게 하려 함이라."(사 43:19; 48:6-8). 여기에 대한 자세한 논의로는 3장을 보라.

어내는 시간이 있어야 하고, 그런 다음 태양이 형성되고 다시 그 한 행성에서 진화가 이루어질 수 있을 만큼의 시간이 지나야 한다. 여기에는 수십억 년이 걸린다… 우리의 우주가 이처럼 거대하게 된 것은 전혀 놀랍지 않다. 그 거대한 스케일은 한 은하계에 속한 어느 항성 주변의 한 행성에서 생명의 진화가 이루어지기 위한 **충분한 시간을 마련하기 위함**이었다. 이것은 우주 앞에서 겸허해야 한다는 코페르니쿠스적인 원리를 너무 과장해서는 안 됨을 깨닫게 하는 '인간학적anthropic' 논증의 한 예이다. 우리는 우리 자신들에게 중심적인 위치를 부여하기를 주저한다. 그러나 시간과 공간 안의 우리의 상황을 볼 때 우리가 진정 특권적 위치에 있음을 부인하는 것 역시 똑같이 비현실적일 것이다. 분명코 우리는 우주 안의 그저 그런 별들 중의 하나에 존재하고 있지 않다. 우리는 안정되어 있는 하나의 별 주변을 특정한 비율에 따라 공전하는 행성 위에 있다. 우리가 우주를 아무 때나 관찰하게 된 것이 아니라 복잡한 진화를 위한 필요들이 충족된 때에 관찰하게 된 것 역시 결코 사소한 일이 아니다(1997, 229-30).[10]

따라서 우리는 우리 인간들을 생성해낸 우주의 진화과정이라는 특별한 궤적 속에 드러난 예기치 않은 창조적 특성을 마땅히 수시로 마음 깊이 새겨야 한다. 우리의 궤적을 이런 식으로 특성화하고 하나님을 예기치 않게 찾아온 창조성으로 생각하는 것은 (마

---

[10] 우주 진화에 있어서의 이런 발전들을 가능하게 했던 그 아주 가까운 여백들의 세부 사항들에 대한 요약으로는 Rees 1997, 14장과 William J. Broad, "Maybe We Are Alone in the Universe, After All (2000)을 보라. 이 문제에 대한 더 자세한 논의는 이 책의 3장 III를 보라. 이런 주장을 (폴킹혼의 말처럼) "가장 진지하게 고려한다면" 어떻게 하나님을 여전히 이런 복잡한 발전들 이전에 이것들과 별개로 존재한 인간- 비슷한 인격/행위자로 생각할 수 있겠는가?

틴 리스가 제언했듯이) 인간학적 사고antrophic thinking의 한 예일 수 있다. 다시 말해서, 이런 예들은 우리 인간에게 특별히 중요한 의미를 지니고 있는 우주의 특징에 관심을 갖게 만들며, 그 특징을 우리 인간뿐 아니라 우주 전체에 대한 우리의 이해의 중요성을 가리키는 방식으로 이름짓게 만든다. 이런 생각은 그저 우리 인간들의 주관적인 관심이나 의도의 표현 아닌 우주의 객관적인 진실이다. '하나님'이라는 상징은 계속되는 인간 삶에 가장 중요한 것으로 여겨지는 그 실재에 관심을 갖게 만들며, 이런 점에서 그것은 인간학적antrophic 개념이다(그러나 내가 이 책 전체에서 계속 말하고 있는 신인동형론적 개념antromorphic idea은 아니다). 예기치 않게 찾아온 창조성이란 개념 역시 우리의 근대적/탈근대적 우주론적 사고와 연관하여 이와 비슷한 인간학적 기능을 수행할 수 있으며, 이 점이 내가 '하나님'이라는 상징을 이런 종류의 생각과 연관시키는 것이 아주 중요하다고 생각하는 이유이다.11)

II

'하나님'이라는 단어를 사용할 때 우리 인간들은 우리의 모든 행동과, 의식, 그리고 성찰의 "궁극적인 기준점"이라 불릴만한 것

---

11) 예기치 않게 찾아온 창조성이란 개념이 (행위자적인) 하나님의 존재에 대한 목적론적인 논증으로 인도하거나 그 근거를 제공함 없이 이런 목적을 달성할 수 있음에 주목하라. 따라서 이것은 겸손한 혹은 "약한weak 인간중심주의anthropism"이다. 인간중심적 사고의 여러 형태들에 대한 간단하나 사려 깊은 논의로는 Rees 1997, 15장을 보라. "인간학적 원리anthropic principle"에 대한 초기의 자세한 논의로는 John D. Barrow와 Frank J. Tipler의 *The Anthropic Cosmological Principle* (1988)를 보라.

에 우리의 관심을 돌리려고 한다. 궁극적인 출발점으로 되돌아가려는 퇴행적인 성찰이나 구조화되지 않은 미래로 움직여 가려는 비창조적인 행위, 예배나 자기 삶의 방향성을 표현하는 경건에 대해 감사하지 않는 마음 등은 결코 하나님 '너머'의 어떤 실재를 지향하지 못한다(Kaufman 1995, 14) 그러나 궁극적인 기준점이란 관념 자체는 하나님이라는 개념보다 훨씬 더 추상적이다. 그럼 무엇을 더 말해야 하는가? 나는 《신비에 직면하여*In Face of Mystery*》(1993)와 이 책에서 신학자 위만H. N. Wieman의 제언을 따라 하나님이 창조성으로 생각되어야 한다고 주장했다. 실제로 오늘날 오직 창조성만이 예배와 경건 그리고 신앙의 합당한 대상이며, 또한 1장에서 주장했듯이 우리의 가치 판단의 유일하고 적절한 궁극적 기준점이다. 궁극적 신비로서의 창조성 이외의 것들은 제한된 범위 내에서만 가치가 있는, 피조된 유한한 실재다. 그것들은 언제나 왜곡, 부패, 그리고 해체의 위험 아래 있어서 존재의 나타남과 모든 유한한 실재들의 궁극적인 해체 가운데 자신을 드러내는 그 창조성에 의해 상대화 되어야 한다. 오직 창조성만이 '궁극적'이라 할 수 있을 것이다.

그러나 바로 여기에 문제가 있다. 새로운 것의 생성으로 이해되는 창조성이 발생할 때면 언제나 새로운 선뿐 아니라 (우리들이 보기에) 새로운 악 역시 발생한다는 어려운 문제들이 생긴다. (이 부분에서 나는 "창조적 사건"은 언제나 "인간 선의 원천"이라고 이해한 위만Wieman과 생각을 달리한다). 물론 성경이 말하는 하나님은 선뿐 아니라 우리 인간에게 악처럼 보이는 것도 때로 가져오시는 분으로 생각되었다. 아모스 예언자는 이렇게 말한다. "여호와의 행하심이 없는데 재앙이 어찌 성읍에 임하겠느냐?"(3:6). 그런가 하면 이사야 예언자의 입을 통하여 하나님은 이렇게 말씀하신다. "나는 빛도 짓고 어둠도 창조하며 나는 평안도 짓고 환난도 창조하나니 나는 여호와라. 이 모든 일들을 행하는 자니라 했노라." (45:7. 또한 욥, 예레미야, 그 외 많은 성경 본문들). 신약 역시 "하나님은 사랑이다"(요한일서 4:8, 16)라고 말하지만, 동시에 하나님의 두려운 심판과 파괴성에 대해 말하고 있다. 하나님은 용서하시는 아버지와 구속자이지만 두려운 심판자이자 파괴자이기도 하며, 이런 점에서 구약과 신약은 일관되게 유일신론적이다(역자 주: 선이든 악이든 모든 것이 하나님으로부터 나온다는 뜻). 그리고 하나님을 예기치 않게 찾아온 창조성 곧 우리의 이해를 초월한 신비로 생각하는 것 역시 일관되게 유일신론적이다.

그러나 이런 입장을 취하게 되면 문제가 생긴다. 과연 예기치 않게 찾아온 창조성을 언제나 인간들에게 궁극적으로 가치 있는 것을 드러내는 것이요 따라서 언제나 따라야 하는 기준으로 여길 수 있을까? 우리들은 하나님의 선뿐 아니라 우리가 보기에 파괴나 악을 가져오는 듯 보이는 것까지 모방해야 하는가? 이런 생각은 그리스도인뿐 아니라 다른 사람들에게도 심각한 문제가 된다. 물론 전사warrior 은유가 하나님과 그리스도에게 적합하다고 생각하는 사람들은 기꺼이 이런 결론을 내리고 싶어 하겠지만 말이다. 그러나 철저히 **그리스도 동형론적**christomorphic 신앙 자세를 취하는 사람들은12) 끔찍스러운 악의 창조를 인간에게 합당한 행위로 보

---

12) 나는 (a) "원수를 사랑하라"는 예수님의 철저한 가르침들(마 5:43-48), (b) 자신의 원수들과 그의 십자가형을 대하는 예수 자신의 비폭력적인 자세 (c) "너희 안에 이 마음을 품으라 곧 그리스도 예수의 마음이니 그는 자신을 비워 종의 형체를 가져 자기를 낮추시고 죽기까지 복종하셨으니 곧 십자가에 죽으심이라"는 바울의 권면(빌 2:5, 7-8) 같은 신약성경의 강조들을 하나님을 "사랑"으로 여기는 것이 의미하는 바를 이해하는 데(요일 4), 또한 그리스도인의 삶과 행위의 표준이 되어야

지 않을 것이다. 이 문제는 무제한적인 전쟁으로 인한 파괴를 더 이상 견딜 수 없게 된 오늘날, 곧 우리가 사람들과 지구 위의 많은 다른 생명들을 단번에 멸절할 수 있게 된 오늘날 특히 중요하게 되었다. 단언컨대 우리는 아무런 제약 없는 창조성, 즉 그 어떤 방향으로도 움직여 갈 수 있는 역사적 궤적들의 창조를 인간의 삶과 행위를 이끌어가는 적절하고 도움 되는 규범으로 간주할 수 없다. 왜냐하면 우리의 인간적 창조성은 신약성경이 말하는 기준이 되는 그리스도 동형론적인 이미지들, 이야기들, 사상들과 부합되게 악이 아닌 선을 세상에 가져와야 하고, 치유를 가져와야 하며, 우리 인간들이 지구 위의 생태적 질서와 인간 삶의 역사적 질서에 가져온 파괴적 힘들을 극복해야 하기 때문이다. 대규모적 파괴를 가져온 인간의 창조성 궤적은 반드시 극복되어야 한다. 그러나 우리는 이런 종류의 수정과 예기치 않게 찾아온 전 우주적인 창조성이 인간 존재가 지향해야 하고 질서 잡히고 규정되어야 하는 데 대한 궁극적인 기준점이 되어야 한다는 주장을 어떻게 조화시킬 수 있을까?

    이것은 해결하지 못할 문제는 아니다. 이것이 문제가 될 때는 우리가 예기치 않게 찾아온 창조성을 추상적으로, 곧 우주 전체 속에 많은 다른 종류의 궤적들로 자신을 드러내있고 그 중 일부는 다른 것들과 날카롭게 대립하는 것으로만 이해할 때다.13) 그러나 우리 인간들이 우주에서 이루어지고 있는 일들의 거의 대부분에

    하는 철저한 자세를 규정하는 데서 기준으로 삼는 것을 "철저히 그리스도 동형론적인" 신앙의 자세로 이해한다. 여기에 대한 자세한 논의는 카우프만 1993a의 25장과 26장을 보라.

13) 이 논점에 대한 자세한 논의는 나의 글 "하나님은 비폭력적인가?"(Kaufman 2003)을 보라.

대해 책임이 있는 것도 아니고 또한 책임질 수도 없음을 생각해 볼 때 (그리스도 동형론적 원리를 기억하라) 우리가 규범적인 것으로 간주해야 하는 창조성의 예들은 지구라는 행성과 그 직접적 환경을 통해 드러난 **생산적 창조성**productive creativity에 국한되어야만 한다는 점을 알게 된다. 지구와 그 환경이야말로 우리의 행동과 계획의 영향을 받을 수 있는 유일한 영역이다. 따라서 우리는 이런 맥락 가운데 창조된 질서 안에서의 우리의 자리와 우리가 관여해야 할 적절한 행위들을 이해하고자 해야 한다. 그렇다면 **생산적인 창조성**만이 여기에 해당된다. 왜냐하면 우리 인간들이 수십억 년의 시간이 걸려 나타난 생명들과 그 지속적인 운동들에 대한 광범위한 파괴를 행할 권한을 추상적인 우주적 창조성으로부터 부여받았다고 가정할 그 어떤 명확한 이유도 없기 때문이다. 만일 그런 권한이 있다고 주장한다면 그것은 괴물 같은 교만과 오만에 불과하리라.

따라서 우리는 우리의 기획과 우리의 창조성을 아주 제한적으로 생각해야 한다. 즉 사람들이 존재하게 된 것은 특수한 생역사적 궤적 때문이었고,14) 이런 궤적은 바로 우리가 살고 활동하는 지구의 생태적 그물의 영역인 것이다. 당연히 이 궤적 역시 미래의 어느 순간 끝이 나겠지만, 그렇다고 해서 우리 인간들이 그것을 끝장내어야 한다고 주장할 근거는 없다. 오히려 우리의 창조성은 지구 위의 우리의 생태적 지위에 맞게, 또한 이곳에 삶의 터전을 가지고 있는 다른 생명의 줄기들에게 최대한 피해가 가지 않게 행사되어

---

14) 우리 인간의 생역사적 실재와 우리를 존재하게 만든 생역사적 궤적에 대한 자세한 논의는 이 책의 1장의 II, 특히 3장의 II-IV를 보라. 또한 Kaufman 1993a, II부와 III부를 보라.

야 한다. 이것이 지난 수십 년 동안 증가해 온 생태적 감수성과 의식의 도덕적 함의이다. 즉 우리는 더 이상 인간의 기획에만 관심을 가지고 살 수 없다. 오늘날 우리의 지식과 감수성으로 인해 우리의 기획이 지구라는 행성의 더 넓은 생태계에 부합되어야 한다는 것을 이전보다 더 잘 이해하게 되었다. 따라서 우리의 과제는 이 사실을 촉발시키는 방식으로 모든 창조적인 활동을 하는 것이다. 물론 이 말은 처음부터 모든 파괴적 행위를 배제해야 한다는 것을 뜻하지는 않는다. 오히려 지구 위에서 생태적으로 적합한 인간 삶의 형태를 제대로 만들려면, 우리의 현재의 행동 형태, 사고방식, 제도와 조직의 많은 부분이 파괴될 필요가 있다. 그러나 이런 종류의 파괴는 우리를 존재케 했고 지금도 우리를 지탱하고 있는 생역사적 궤적의 창조적 운동이 더 잘 진행되는 방향으로 이루어져야 한다. 따라서 우리의 창조성은 예기치 않게 찾아온 우주적 창조성이 지구의 개방된 미래를 향해 가는 전진 운동forward movement을 억제하거나 반대하는 것이 아니라 섬기는 것이 되어야 한다. 이렇게 볼 때, 우리 인간의 헌신과 생각과 행동의 궁극적 기준이 되는 우연히 찾아온 우주적 창조성과 연관되어 보이는 역설은 해소될 수 있다. 이런 궁극적 신비를 이곳 지구에서의 구체적인 사례들의 판단 기준으로서 추상적으로 채택하는 것은 특정한 인간의 결정과 행동들을 '하나님의 뜻'이라 하여 바로 정당화하려는 이전의 시도처럼 언제나 모호하고 애매한 결과를 낳는다.

    이제 하나님을 예기치 않게 찾아온 창조성으로 볼 때 생기는 다른 문제, 가령 "하나님은 사랑이다"(요 1:4)는 기독교의 확언에 대해 생각해 보자. 많은 점에서 이 말은 기독교의 신인동형론/인간중심주의의 요약이라고 할 수 있다. 내가 여기에서 옹호하는 신학적인 운동이 기독교의 이런 핵심 주장을 배제하거나 무의미한 것으로 만드는가? 구약에서 나타나는 이스라엘의 하나님 이야기 속의 근본적인 신인동형론은 기독교적 사고와 실천이 '사랑'이란 은유로서 하나님의 특성을 규정하는 것의 준비 역할을 했다. 왜냐하면 사랑, 돌보는 태도, 그리고 행동은 인간 삶에서 너무나 중요하므로 하나님을 이런 은유로 생각하는 것은 엄청난 수사적 능력을 가졌으며 지금도 그러하다. 우주의 창조자이신 하나님은 여기에서 모든 사람과 친밀한 사랑의 관계를 가지고 계시는 것으로 여겨진다. "너희들의 머리털 수까지도 다 세신 바 되었다"는 예수의 말씀처럼(마 10:30) 하나님은 모든 인간의 필요를 채우시는 "하늘에 계신 우리 아버지"이다. 곧 무제한적인 아가페-사랑agape-love에 대한 인간의 깊은 갈망과 또한 그런 갈망을 표현하는 아주 강력한 방식이 사랑의 하나님이라는 개념 속에 매우 잘 표현되었다. 하나님에 대한 초기 기독교의 기본적인 신인동형론이 이런 생각을 설득력 있고 구원하는 것으로 보이게 만들었다.

그럼 내가 말하는 하나님에 대한 탈脫신인동형론화는 이런 사고방식 전체를 포기할 것을 요청하는가? 그렇지 않다. 오히려 나는 사랑에 대한 인간의 필요를 예기치 않게 찾아온 창조성과 연관시켜 이해해야 한다고 말하는 것이다. 우리가 지적했듯이, 우주적 창조성이 관련되어 있는 모든 피조물들에게 항상 사랑을 보인다고 주장하는 것은 분명히 실수일 것이다. 그것은 물리학적 관점에서 우주가 빅뱅을 통해 이루어졌다는 명백한 사실뿐 아니라, "이빨과 발톱이 피로 물들어 있는" 자연에 대해서 우리가 아는 것만 생각해 보아도 말이 안 되는 이야기다. 그러나 내가 서술하는 신학적인 입장에서는 인간 존재와 행복에 지극히 중요한 사랑의 발생이 우리 인류를 생성시킨 창조성과 연결되어 있음에 틀림없다고 분명히 주장할 수 있다. 우리의 인간 본성이 창조되는 과정 속에서 우리가 '사랑'이라 부르는 행위, 태도, 행동이 중요하게 되었다. 사랑은 인간들이 그것에 반응할 수 있게 되면서 발생했다. 우리 우주의 귀퉁이에서, 곧 인간들을 생성시킨 궤적에서, 아가페-사랑의 능력과 필요가 적어도 어떤 곳에서는 점차로 중요하고 칭송받게 되었다. 그리스도인들이 주장해왔듯이, 특별히 인간과 하나님과의 관계에서 사랑하고 돌보는 태도와 행동들이 중요한 특성이 되었으며, 또한 서로 구별되는 특성을 가진 우주적 질서의 다른 많은 영역들 속의 창조성의 관계성들과 달리, 사랑은 서로 주기도 하고 받기도 하는 것이 되었다.15)

물론 그리스도인들이 과거처럼 아무런 제약 없이 단순하게 "하나님은 사랑이다"라고 말하는 것은 더 이상 적절하지 않을 것이다. 그렇게 말하는 것은 우리 인간의 영역에서 진실하며 아주 중요한 것(어쩌면 유일한 것?)으로 우리가 발견한 것을 우주의 모든 영역과 차원에 투사하는 것이 될 것이다. 그러나 우리가 사람들과 맺는 관계뿐 아니라 우리 인간과 하나님(창조성)과의 관계, 그리고 하나님이 우리와 맺는 관계에서는 아가페-사랑이 중요한 특성이 되었다고 우리는 충분히 말할 수 있다. 비록 사랑만이 하나님을 특징짓는 유일한 방식은 아니며, 또한 하나님에 대한 가장 근본적이고 규정적인 은유도 아니지만, 그래도 여전히 우리는 "하나님은 사랑이다"라고 말할 수 있다. 하나님에 대한 가장 근본적이고 규정적인 은유는 우주 전체에 드러나는 예기치 않게 찾아온 창조성이다. 물

---

15) 이것과 연관된 논점들에 대한 논의는 이 책 3장의 IV를 보라.

론 그리스도인들은 하나님을 특징짓는데 '사랑'뿐 아니라 '능력' '편재' '영원' '창조성' 같은 많은 용어들을 사용해야 한다는 것을 언제나 알고 있었다. 실상 '사랑'이라는 은유만으로 하나님을 이해하는 것은 하나님과 그 은유를 이해 불가능한 것으로 만든다.

이제 지금까지 우리가 논의한 것이 여러 종교전통이 중요하게 생각하는 단어인 악evil이라는 개념에 대해 갖는 의미에 대해 간략히 살펴보도록 하자. 나는 다른 곳에서 이 개념 및 이 개념과 연관되어 있는 악으로부터의 구원이란 개념이 한편으로는 주로 우리 인간의 행복과 성취에, 다른 한편으로는 인간의 재난과 실패와 연관되어 있음을 주장했다.

> 여기에서 가치의 구성 체제는 (스피노자가 주장했듯이) 적어도 그 시작에서 인간중심적이다… 그러나 이런 단어들의 복잡성들을 발생시킨 일반화의 행위 곧 그들의 인간중심적인 기원들을 초월하려는 움직임이 (유일신론에서) 발달되었다… 또한 하나님에 대한 개념과 함께 - 비록 '하나님'이란 이름이 원래 궁극적으로 인간에게 구원이 되는 것으로 믿어지는 실재를 가리키는 것이기는 하지만 - (인간을 포함하는) 모든 다른 것을 평가하고 판단하는 준거점을 가리키는 시도가 분명히 있었다… 철저한 유일신론에서는 …(가령 "하나님의 영광을 위한 저주"라면 기꺼이 받겠다는 칼뱅주의자들의 승리에 찬 열망에서 보이듯이) 원래 한 사람 자신의 통증이나 파괴와 연합되어 있는 것이라는 악에 대한 원래적인 인식이 완전히 숨겨지거나 역전되었다.(Kaufman 1996a, 87-89)[16]

---

[16] 이런 논점들에 대한 자세한 논의는 카우프만 1993a, 특히 24장을 보라. 또한 바룩 스피노자(Baruch Spinoza)의 《윤리학Ethics》, IV부를 보라(Spinoza, 1677,

악의 생물학적 근거는 살아 있는 유기체가 통증에 대해 거부 반응을 보이는 데서 찾을 수 있다. 그러나 유일신론에서 악이란 개념이 가진 신학적 의미는 모든 인간중심주의를 훨씬 넘어서 모든 인간적인 것을 판단하는 초-인간적인 기준이 되기에 이르렀다. 인간의 모든 행동, 동기, 활동, 제도 등은 그것이 인간에게 아무리 선하거나 악한 것으로 여겨진다 해도 하나님이 의도하고 요구하시는 빛 안에서 평가되어야 했다. 옳고 그름, 선과 악에 대한 우리의 인간중심적 판단은 신 중심적 신앙이 등장함으로써 무효화되었다. 하나님이 행하시고 하나님이 인류에게 원하시는 것이 모든 가치와 선, 진리와 의미의 판단의 궁극적인 기준이 되어야 했다. 하나님 외의 다른 실재에 삶의 중심을 두는 것은 우상숭배인 것이다.

분명히 이런 사상들은 이 책이 서술하는 신학적 입장과 상당히 쉽게 연결될 수 있다. 정녕 하나님을 예기치 않은 창조성으로 생각하고 이로 인해 여러 전통적인 사고들 속의 신인동형론적/인간중심적 성향들에서 벗어나는 것은 우리의 하나님 이야기의 신 중심적 특성을 대부분의 전통적 관점들보다 명확하고 단순하게 만들며 그것도 (막 언급한 것처럼) 하나님과 인류 사이의 사랑의 관계를 놓치지 않으면서 그렇게 되게 한다. 우주 전체에 편만해 있는 예기치 않게 드러난 창조성은 모든 가치와 의미의 궁극적인 기준으로 간주되지만, 그 기준을 우리의 실제 인간 삶과 죽음에 적용하는 것은 이런 추상적인 용어들을 통해서가 아니라 지구 위의 우리 인간의 삶을 가져왔고 또한 계속 유지시키는 진화적/역사적 궤적 안에 있는 우리 인간의 상황성을 충분히 고려하는 가운데 이루어져야 한다. 따라서 우리들은 인류가 살아가고 일해야 하는 생역사적 제

1989).

약들을 훼손하거나 파괴하는 인간 행위나 실천 관습이나 제도들을 '악'이라고 불러야 한다. 반면에 진화적/역사적 궤적의 전진 운동을 창조적으로 촉진시키고, 그로 인해 지구 위의 더 넓은 생태적 질서와 상대적 조화를 이루게 하는 것은 선하고 옳고 적절한 것으로 간주해야 한다.

가치와 의미, 선과 악에 대한 판단들은 인간과 그 행복에 직접적으로 영향을 미친다. 그러나 그것들은 이제 더 이상 인간중심적인 기준에 의해 지배되지 않는다. 그것들은 기본적으로 지구라는 행성의 생명의 그물망 안에서의 인간 존재의 지속적인 유지에 관심이 있기 때문에 - 특별한 경우들에서 이 점을 어떻게 인식해야 하는지를 과학적으로 측정 가능한 용어들로 확인하기는 어렵다 하더라도 - 그것들은 어떤 생태적 목적을 가지고 있다. 따라서 '악'과 '선'은 단순히 인간의 욕망과 욕구의 한 기능으로 간주될 수는 없다.17)

III

이제 한 걸음 물러서서 오늘날의 거대한 우주와, 하나님에 대한 인간의 이야기가 시작된 성경이 말하는 우주 사이의 그 엄청난 규모의 차이를 다시 생각해 보자. 하나님과 세계 안에서의 우리의 의무에 대해 생각할 때 우리가 기억해야 할 점은 오늘날 우리가 고려해야 하는 우주는 인간이 만들어지기 오래 전에 형성된 것이

---

17) 악의 문제에 대한 보다 자세한 논의는 Kaufman 1993a, 특히 15장과 24장을 보라.

라는 점이다. 그것은 또한 인간이 맨 눈으로 볼 수 있을 정도의 크기도 아니다. 우주의 대부분은 우리가 가진 최고 성능의 망원경이나 다른 기구들이 미칠 수 있는 것보다 훨씬 너머에 있다. 따라서 시간적으로나 공간적으로나 이 우주는 인간이 그 역사 속에서 상상할 수 있었던 것과 완전히 전혀 다른 질서이다. 남자들과 여자들은 이 우주의 시간적 발전 중의 지극히 작은 부분 정도에만 존재해 왔고, 그 행위와 활동은 지구라는 행성과 그 가까운 주변 환경에만 아주 지엽적으로 영향을 미쳤다. 따라서 우리는 우리의 전통적인 이야기들과 이미지들이 제시하는 바와 달리 하나님의 우주 안에서의 우리의 자리와 그 세계에 대한 우리의 책임성이 그리 크지 않음을 알고 있어야 한다.

만일 하나님이 이 전체로서의 거대한 우주의 계속되는 진화와 발전 속에 드러난 창조성으로 생각되어야 한다면 (그래서 여전히 유일신론적인 종교전통들의 중심적인 주제라면), 하나님 혹은 하나님의 '영원성'은 전통적 사고를 알게 하고 구성했던 대부분의 이야기들과 이미지들이 제시하는 그 어떤 것보다도 그 범위나 신비에서 훨씬 큰 것으로 여겨져야 할 것이다. 이런 이미지들이 그려내는 하나님과의 인격적 친밀성, 특히 '아버지' '주님' '왕' 같은 신인동형론적 표현들은 더 이상 적절하지도 않고 상상하거나 이해하기도 어렵다. 따라서 우리 인간과 하나님과의 '관계'는 과거의 경건보다는 더 모호하고 덜 생생한 용어로 인식되어야 하며 – 하나님을 예기치 않게 찾아온 창조성으로 특징짓는 것이야말로 바로 이 점을 제언한다 – 또한 "하나님 아래의" 인간 실존에 대한 우리의 이해 역시 더 개방적이고 느슨할 뿐 아니라 비결정적이고 다소 추상적이 되어야 한다. 신적 존재는 더 이상 분명한 특성과 의지를 가지고 상당히 명확하고 구별된 요구를 인간에게 하는 이로 생각되어서 안 되며, 생명 역시 아무런 중재 없이 이런 신적 존재와의 직접적인 관계에 의존되어 있는 것으로 생각되거나 경험되지 않을 것이다. 오히려 우리가 삶을 어떻게 살아낼 것인가, 우리 자신과 지구라는 행성 위의 우리의 행위들에 대해 책임을 질 것인가 하는 점이 우리 인간들이 할 수 있는 한 치밀하며 책임적으로 다루어야 하는 중요한 문제들임을 이해해야만 할 것이다.[18] 그 **기준**은 당연히 우리가 살고 있는 우리의 부분에서 창조성이 움직이는 방향과 그리스도 동형론적인 원리이다. 따라서 우리의 삶과 윤리, 곧 어떻게 살고 생각하고 행동할 것인가 하는 모든 것은 하나님 및 우리의 하나님과의 관계에 대한 전통적인 사고방식들이 제시하는 것이 아니라, 이곳 지구 위에서의 인간 삶의 전반적 맥락이란 측면과 연관하여 결정되어야 할 것이다. 지구는 우리가 머물 집이기 때문에 더 이상 우리 자신을 "본향,.. 더 나은 땅인 하늘에 있는 고향을 찾는 나그네와 외국인"(히 11:13, 14, 16)으로 생각해서는 안 된다.

우리의 근대적/탈근대적 세계상과 예기치 않게 찾아온 창조성으로서의 하나님을 연결하여 생각하면, 우리는 전통적으로 해석되어 온 기독교의 상징체계와 연관되어 있는 관점과 상당히 다른 입장을 취하게 된다. 우리는 삶 전체를 통하여 하늘 아버지의 사랑의 돌봄을 받고 있다는 아이 같은 신뢰와 확신 및 위로는 더 이상 이용가능하지 않다. 대신에 우리 인간은 우리 자신을 지구라는 행성 위의 장엄할 정도의 섬세한 생명의 그물망 web of live 안에 깊이 뿌

---

[18] 이것은 또한 전통적인 기독교 사고가 말하는 것이기도 하다. "항상 복종하여 두렵고 떨림으로 너희 구원을 이루라. 너희 안에서 행하시는 이는 하나님이시니 자기의 기쁘신 뜻을 위하여 너희에게 소월을 두고 행하게 하시나니."(빌립보서 2:12).

리박고 있는 독특한 종으로서, 그런 그물망과 그것을 통해 드러난 창조성(새롭고 낯선 것의 생성)에 대해 뚜렷한 의무와 책임이 있음을 의식해야 한다. 그 창조성은 우주와 모든 인간의 문화 및 종교전통과 행위들 속에 현존하고 활동하는 창조성이다. 하나님을 창조성으로 생각할 때, 우리는 자연 질서 전체에 대해 전통적인 기독교의 많은 부분이 보인 교만한 태도를 제어하게 되고, 또한 다른 종교적, 세속적 전통들에 대한 존중심을 더 많이 갖게 될 것이다. 그리스도인들은 더 이상 자기 자신들의 말과 행동이 하나님의 특별한 계시에 의해 권위를 부여받았다고 생각하지 않게 될 것이다.

그럼에도 불구하고 전통적인 기독교적 이해들과의 중요한 연속성들은 여전히 남아 있을 것이다. 곧 오늘날의 기독교 신앙에 적절한 하나님과 세계 및 인간에 대한 이런 그림을 충분히 고려하는 것을 보장할 정도의 연속성들은 여전히 남는다. 1장에서 언급한 것처럼 만물의 궁극적인 신비인 하나님을 전통적인 신인동형론적 창조주/주님/아버지라는 은유로서가 아니라, 다양한 모습의 진화적이며 역사적 궤적들을 통해 자신을 드러낸 예기치 않게 찾아온 창조성으로 이해할 때 우리는 전통적인 이미지들보다 더 효율적으로 하나님과 피조된 질서 사이의 (비록 존재론적 분리는 아니지만) 결정적인 질적인 차이qualitative distinction를 더 잘 유지할 수 있다. 이런 구별은 하나님(예기치 않게 찾아온 창조성)을 인간의 헌신과 예배의 유일하게 적절한 초점이자 세상 속에서 우리를 인도하는 유일한 근거로 보게 만든다. 모든 다른 실재들, 곧 창조되어 잠시 존재했다가 사라져버리는 것들이 예배의 대상이자 인간이 지향하는 것의 중심적 초점이 된다면 그것들은 인간 삶에 재난을 가져올 수 있는 위험한 우상이 된다. 하나님(예기치 않게 찾아온 창조성)과 우상의 이런 중요한 구별에 근거하여 삶을 질서 지우려는 시도는 물론 신앙적 운동이며, 우리를 존재하게 했고 계속 지탱하는 그 신비에 대한 깊은 신뢰의 표현이다. 우주 전체를 통해 활동하고 있는 수많은 창조적인 궤적들 중의 하나에서 발생한 생역사적 존재들로서 인간들은 어쩔 수 없이 창조된 질서의 한 부분에 불과하며 결코 우주와 그 모든 복잡성, 질서, 그리고 아름다움을 통해 드러난 창조성 자체로 혼동되어서는 안 된다. 우리는 우리가 나타나게 된 창조된 질서 안의 한 궤적에서 발견되는 생명의 테두리와 조건들 안에서만 생존할 수 있을 뿐이다.

비록 전통적인 기독교가 강조해 온 것들과 중요한 면들에서 아주 다르다고 해도 신과 인간을 이렇게 이해하는 것은 분명히 (H. R. 니버의 용어를 빌리면) 철저한 유일신론이다. 우리가 보았듯이 만일 하나님이신 창조성이 예수 및 초대 기독교회의 이야기와 특성이 가진 통렬함 및 능력과 중요하게 결합된다면, 그것은 인간의 신앙과 삶에 대한 하나의 기독교적인 해석으로 발전될 수 있다. 따라서 여기에서 제시된 하나님과 인류의 개념에 대한 재구성은 기독교 신앙이 우리의 현대적인 진화적/생태적 가능성들과 지식들에 적절한 방식으로 자신을 다시 형성할 수 있는 길을 제시한다.

우리 인간들은 이 세계를 생성시키지 않았으며 또한 이 세계를 계속 지속시키는 것도 우리가 아니다. 우리는 새롭고 전례 없는 생명의 형태들을 끊임없이 생성하는 진화과정을 창조하지 않았다. 우리 세계에는, 또한 우리 자신 안에는, 새롭고 낯설며 전례가 없고 이전에 들어본 적 없는, 우리 주변과 우리 가운데서 돌파해 들어오는 강력하고 경탄을 불러일으키는 창조성이 있다. 또한 인간의 삶은 그 자체 너머로부터from beyond itself 계속 지탱되고 있다.

미래의 희망의 근거를 제공하는 것이 이런 예기치 않게 찾아온 창조성이다. 인간 삶은 계속 진행될 수 있고 또한 앞으로 계속 전진할 것임을 우리는 감히 희망한다. 우리는 이런 것을 가능하게 하는 우리 존재의 창조적 변혁creative transformation of our existence에 더 충분하고 더 효율적으로 참여하도록 부르심을 받고 있는 것이다.

3장

태초에 창조성이 있었다

　이 장을 시작하면서 이 책의 첫 머리에서 풀어썼던 요한복음의 첫 구절들을 다시 기억해 보자. "태초에 창조성이 있었다. 그 창조성은 하나님과 함께 있었다. 그 창조성은 곧 하나님이었다. 만물이 이 창조성의 신비를 통하여 지음을 받았으니 창조성을 떠나서는 그 무엇도 존재할 수가 없었다."
　2장에서 지적했듯이 창조성은 우리들이 이해할 수도 없고 그 배후를 알 수도 없는 신비이다. 이미 존재하는 것들의 다양한 변혁과 변화과정들은 그 원인과 결과를 따져서 이해할 수 있다. 그러나 '창조성'은 단순한 변화 이상의 것이다. 변화는 대개 이해되고 설명될 수 있으며 진정으로 새로운 것들의 생성을 포함하지는 않는다. 그러나 창조성이라는 개념은 새로운 실재가 어떻게, 또 왜 생성되어 존재하게 되었는지 결코 설명하지 않으며 단지 새로운 현실들이 시간 속에 생성되었다는 심히 신비스러운 사실을 가리킬 뿐이다. 무로부터의 창조creatio ex nihilo라는 오래된 문구가 보여주듯이 우리 사람들은 진정 새로운 것, 즉 완전히 예상할 수 없고 결코 설명할 수 없는 것이 존재하게 된 것을 이해할 수 없다.

서구의 종교전통에서는 새로운 존재가 생성된 것은 일반적으로 하나님에 의해 이루어진 일로 여겨졌다. 물론 영원부터 있었던 인격적인 존재 같은 분으로 생각된 하나님이 모든 것을 만드셨다고 말하는 것은 세계와 그 안의 것들이 존재하게 된 것에 대한 설명처럼 보인다. 그러나 그것이 어떻게 이해될 수 있는가? 창세기 1:3은 이렇게 말한다. "하나님이 가라사대 빛이 있으라 하시니 곧 빛이 있었다." 하나님이 이것 저것을 말씀하시니 그 모든 것이 즉시 툭 튀어나와 존재하게 되었다. 우리는 이런 것들을 어떤 마법적인 사건인 양 상상할 수 있고 창세기의 저자들이 보았듯이 시인과 시, 도공과 도자기의 관계처럼 아주 부분적인 유비를 말할 수 있지만 그것을 실제로 경험할 길은 전혀 없다. 우리는 이런 단어들이 의미하는 바를 이해할 수 없는 것이다. 물론 그것들은 어떤 특정한 이미지나 사상들을 촉발하기는 하지만 우리는 아주 중요하지만 동시에 아주 모호하고 불분명한 어떤 것이 말해졌다는 느낌만 갖게 된다. 우리가 말하는 것이 무엇인지 우리는 모르는 것이다. 성경의 설명에 의하면, 하나님의 창조 행위는 창세기의 기원에 대한 이야기에만 국한되지 않는다. 하나님은 시시때때로 새로운 현실을 계속 가져오신다. "이 일들은 이제 창조되었고 이전에 창조된 것이 아니다. 오늘 이전에는 네가 듣지 못했느니라"(사 48:7). 사도 바울은 그리스도인들을 "새로운 피조물"이라 부르며(고후 5:17), 요한계시록은 하나님이 미래의 어느 순간 "만물을 새롭게 하신다"고 말한다(계 21:5). 당연히 이 모든 주장들은 입증될 수 있는 신념이 아니다. 다만 성경의 이야기 및 만물을 만드신 전능하신 창조주 하나님이라는 기본적인 사상에 친숙하기 때문에 이런 단어들을 발음할 때 우리가 말하는 바를 이해하고 있다고 가정하고 있을 뿐이다. 그러나 실상 우리는 창조라는 사상, 혹은 없는 것에서 있는 것이 나왔다는 생각을 제대로 이해할 수 없다. 그것은 여전히 우리에게 깊은 신비로 남아 있다.[1]

그러면 우리는 요한복음의 첫 번째 구절을 다음과 같이 풀어 쓸 수 있는가? "태초에 창조성이 있었다... 이 창조성은 하나님이었다." 이 말씀에 대해 두 가지 완전히 서로 다른 해석이 가능할 것이다. 요한복음에 대한 일반적인 이해에 의하면 "말씀이 하나님이셨다"(요 1:1)는 (몇 구절 뒤에 예수와 동일시되고 있는) 그 말씀 the Word이 완전히 신적인 것이라고 선언함을 뜻한다. 요한은 이 점을 다음과 같이 강조한다. "만물이 이 말씀을 통하여 존재하게 되었다"(요 1:3). 이 말씀이 하늘과 땅을 만든 바로 그것이었다. 만일 이런 해석을 따른다면, 내가 풀어 쓴 말은 불필요한 말일 것이다. 그때 만물을 존재케 한 그 '창조성'은 다름 아닌 창조주의 행위이며, 그것은 하나님과 창조성에 대해 이미 우리가 친숙하게 알고 있는 생각에 불과하다.

그러나 이 풀어 쓴 글에 대한 다른 해석은 앞에 말한 것을 완전히 뒤집어, "창조성이 하나님이었다(혹은 이다)"라고 단언한다. 그것은 꼭 필요한 말로 '하나님'이란 말이 가리키는 것에 대해 어떤

---

[1] "신비는 우리가 명확하게 생각할 수 없고 우리 마음으로 파악할 수 없고 포착할 수 없는 것이다... 여기서 다루는 것은 우리의 정신이 취급할 수 없는 것임을 우리는 말하고자 한다... 신비는... 우리가 우리 자신에 대한 어떤 것을 기억하기 위한 문법적인 혹은 언어적인 기능어이다. 곧 이 지점에서 우리는 예외적이고 제한되며 얼마든지 잘못될 수 있는 방식으로 우리의 언어를 사용하고 있는 것이다"(Kaufman, 1993a, 60-61).

주장을 한다. 곧 하나님은 **창조성**이며 '하나님'이란 말을 할 때 우리는 창조성의 깊고 깊은 신비를 말하고 있음을 뜻한다. 여기에서 우리는 우리가 친밀하게 알고 있는 인격으로서의 하나님 이미지와 사상들이 중간에 끼어들어 이런 해석의 의미를 놓치지 않아야 한다. 우리가 주목해 온 '창조성'이란 단어는 새로운 것이 어떻게, 왜 존재하게 되었는지 하는 질문을 완전히 미결인 채로 남겨 둔다. 이런 두 번째 해석에서 '하나님'이란 단어는 인간의 이해를 넘어서 있는 신비를 가리키는 종교적인 이름이다. 이런 해석은 우리가 하나님을 생각할 때 인격주의적인 것이든 다른 종류의 것이든 무의식적으로 어떤 이미지나 사상들을 도입하게 되며 그렇게 할 때 우리는 그 신비가 의미하는 바를 직면하기보다 하나님(창조성)의 깊은 신비를 인정하기를 무의식적으로 거부하는 것임을 깨달아 알고 있어야 한다는 것을 함축한다. 실상 그렇게 하는 것은 왜 어떤 것이 있고 없지 않은가 하는, 우리가 사실상 알 수 없는 일에 대해 무엇인가 안다고 주장하는 것이다.

창세기 1장 이야기에 나오는 창조된 실재들, 즉 해와 달, 식물과 동물과 인간에 대해서는 우리 모두가 잘 알고 있다. 그러나 창조주 하나님이 무엇인지, 또한 하나님이 어떻게 또 왜 이 모든 것을 존재케 할 수 있었는지는 결코 설명할 길이 없다. 그런데 빅뱅에 대한 현대의 이야기, 우주가 결국 존재케 된 사실, 그리고 마침내 이루어진 생명 진화 등에도 비슷한 한계가 있음은 흥미롭다. 우리가 여기에서 실제로 알거나 이해할 수 있는 것은 시간의 흐름 속에 새로운 실재들이 발생했다는 정도이다. 성경 이야기와 마찬가지로 이런 설명에서도 창조가 어떻게 되었으며 또한 왜 되었는지는 깊은 신비로 남아 있다. 고대의 종교적 가정들과 신념들로 인해 우리가 이런 사건들과 과정들 속에 일어난 일이 무엇인지를 이해할 수 있는 것처럼 착각해서는 안 된다. 물론 하나님은 언제나 깊은 신비로 이해되어 왔다. 그러나 하나님이 말해져온 방식 때문에 이 사실은 희미해져 버렸고, 그 가운데 우리는 하나님을 전에는 존재하지 않았던 것들을 만들 수 있는 엄청난 능력을 가진 인격적 존재로 확실히 아는 것처럼 여기게 되었다. 그러나 하나님을 '창조주'가 아니라 **창조성**으로 생각하게 되면 우리는 신적 신비를 더 깊이 생각하지 않을 수 없다. 왜냐하면 '창조성'이란 존재하게 된 이 새로운 현실들의 깊은 신비를 가리키기 위해 쓰는 이름에 불과할 뿐이지, 결코 그 모든 것을 설명하지 않기 때문이다.

존재하게 된 것은 엄청나게 다양한 내용들을 가진 인간 삶의 포괄적인 배경인, 전체로서의 거대 우주이다. 이 발생 중인 우주에서 수십억 년 이상 창조성이 진행되다가,2) 지구라는 행성에서 생명이 발생하여 우리가 오늘날 믿게 된 것처럼 점진적으로 많은 다른 가지들을 따라 발전했다. 다시 수십억 년의 창조성의 시간이 지난 후, 이 궤적의 하나에서 포유류가 나왔고 거기에서 영장류가 나왔으며, 그 가운데 마침내 인류가 나오게 되었다. 이런 특별한 발생은 물론 우리 우주의 수많은 창조성의 계열들 중의 한 부분에 나타난 것에 불과하지만, 그 예기치 않게 찾아온 풍성함으로 인해

---

2) 우리는 '수십억'이란 단어가 우리의 숫자 체계 안에 분명히 속해 있기 때문에 그 의미를 당연히 안다고 생각하기 쉽다. 그러나 이것은 구름 잡는 듯 모호한 이해이다. 이 정도 크기의 숫자는 우리의 상상을 완전히 넘어선다. 즉 우리는 그것들을 추상적으로 인식하거나 생각할 수 있으나 우리 마음은 거기에 대한 적절한 **이미지**를 만들어내지 못한다. 가령 10억 개의 모래 알갱이의 "이미지"와 9억 9천 개의 모래 알갱이의 이미지 사이를 구별할 수 없음을 생각해 보라 (이런 문제들에 대한 대중적인 논의로는 Denison 2002를 볼 것). 이런 점들을 고려해 볼 때 여기서 논의하는 심원한 신비는 더 깊어진다. 이 책의 뒷부분에서 이것의 "수십억 개", 저것의 "수십억 개" 같은 말을 심심치 않게 보게 될 때 이 사실을 기억할 필요가 있다.

인간을 존재하게 했고 따라서 우리에게 특별한 의미와 중요성을 가지는 것이 되었다. 이런 경외감을 불러일으키는 창조성의 신비를 인식할 때 우리는 생명들뿐 아니라 인간의 역사 역시 그 안에서 존재해 온 깊은 신비에 대한 역설적인 의식과 지식 안으로 들어가게 된다. 나는 바로 이런 창조성의 신비를 오늘날 하나님으로 생각해야 한다고 제언한다.3)

I

하나님을 창조성으로, 또 창조성을 하나님으로 생각하는 것이 무엇을 의미하는가? 창조성이란 무엇인가? 우리가 창조성에 대해 아는 것은 무엇인가? 이런 이해가 우리에게 제공하는 신 개념은 무엇인가? 이런 이해가 하나님의 신비에 대해 알려주는 것은 무엇인가? 과학은 우주를 생성시킨 사건들과 과정 및 그 엄청나게 매혹적이고 다양한 모습들을 탐구해 왔다. 지난 세기 동안 이런 질문들을 새롭게 말하는 방식이 전반적으로 발전되었으며, 이제는 이런 문제들에 대해 우리 인간들이 알고 있는 최선의 이해로 널리 받아들여지고 있다. 이 장에서 우리는 그것이 창조성에 대해, 따라서 하나님에 대해 무엇을 드러낼 수 있는지 그 기본적인 개요를 살펴볼 것이다. 나는 여기에서 다루는 과학 영역의 그 어느 부분에 있어서도 전문가가 아니기 때문에 나는 과학자들과 과학 비평가들

---

3) 하나님을 예기치 않게 찾아온 창조성으로 생각하는 것의 신학적 의미에 대해서는 Kaufman 1993a, 19장에서 27장. 이 개념의 보다 후기의 이해에 대해서는 이 책의 2장을 보라.

의 대중적인 설명에 의지할 것이다. 나는 과학자들 사이에 상당히 광범위한 동의가 이루어진 관점들을 선택하려고 했으나 어떤 경우에는 엉뚱한 길로 빠졌을 수도 있다. 특히 나의 주장에서 중요하지만 논쟁의 여지가 많이 있는, 새롭게 등장하고 있는 "복잡계 이론 complexity theory"에 대한 나의 논의는 이 분야를 잘 알고 있는 사람이 보기에 다소 의심스러울 정도로 너무 앞서 있는지도 모른다. 그러나 나는 여기에 제시하는 기본적 묘사가 나의 과학 지식의 부족에도 불구하고 도움이 될 수 있기를 바란다.

먼저 과학자들은 '창조성'이란 말을 자주 사용하지 않는다는 점을 처음부터 밝혀두어야 하겠다. 그 이유는 이 단어의 적용 범위가 너무 넓기 때문이다. 그것은 새롭거나 낯선 어떤 것의 생성에 관심을 집중시킨다는 점에서 거의 모든 것과 연관되어 사용될 수 있고, 따라서 과학 작업이 아주 중요하게 여기는 개념적 엄격성이나 실험적 통제성을 갖고 정의하거나 규정하기 어렵다(사실상 불가능하다). 그러나 바로 이런 포괄적 적용 가능성 때문에 이 용어는 신학과 철학에서 무척 유용하다. 이는 이 하나의 개념으로서 생명과 세계의 아주 중요한 특성인 새로운 실재들이 시간 속에 계속 생성되는 현상에 집중할 수 있게 해주기 때문이다. 실상 고대 세계에서 이것은 신학에서 중심 자리를 차지할 정도로 중요한 통찰로 이해되었다. 우리는 **창조성**이란 개념을 통해 중요한 신학적 관심사들과 우주와 생명 진화 그리고 지구 위의 인간 삶과 문화의 생역사적 발달의 발생에 대한 근대/탈근대적 사고의 주요한 특성들을 연관시킬 수 있는 것이다.

창조성이란 단어로 의미하는 것에 대하여 생각하기 위한 기본 구조framework로서 나는 각각 구별되는 그 나름의 신비를 가지고 있는, 서로 상당히 다른 창조성의 세 가지 양태들 modalities을 검토할 것을 제언한다. 신학적으로 말하자면, 창조성(하나님의 창조성)은 세 가지 서로 다른 정황과 연관하여 고려될 수 있고 따라서 서로 다른 세 가지 양태로 나뉘어 다루어질 수 있다. 이런 양태들의 첫 번째(나는 이를 **창조성 1**이라 부르겠다)는 이미 앞에서 간략히 살펴본 것으로 우리가 속해 있는 이 우주의 첫 발생이며 곧잘 없는 것에서 있는 것으로의 창조로 표현된다(무로부터의 창조). 이 어려운 개념을 이해하려면 우리 인간들이 이런 종류의 개념을 왜 그리고 어떻게 만드는지 스스로에게 물어볼 필요가 있으며, 이 때 우리는 내가 **창조성 3**이라고 부르는 아주 다른 양태의 창조성 곧 인간의 상징적 창조성 symbolic creativity에 관심을 돌리게 된다. 우리는 또한 진화과정 속에 드러난 창조성, 곧 점차적으로 더 복잡해지는 낯선 실재들의 궤적들이 지속적으로 생성되는 것을 고려할 필요가 있다. 이런 양태에서 창조성은 창조성 1과 달리 단순히 없는 데서 생긴 것이 아니라 이미 존재하는 다른 실재들의 맥락 속에서 생긴 창조성으로서 나는 이를 **창조성 2**라고 부르고자 한다. 이는 수십억 년의 시간 속에서 인간 및 다른 많은 피조물들을 만든 것으로 간주되는 복잡한 과정들이다. 창조성 2는 다른 일들도 하지만 창조성 1과 창주성 3을 연결한다. 물론 어떤 사람들은 창조성이란 개념을 이와 다르게 생각할 수도 있을 것이다. 그러나 내가 볼 때 이런 삼중적인 분류로 인해 우리는 창조성을 서로 분명하게 구별되는 세 가지 각도에서 볼 수 있다.

 우주가 빅뱅과 그 이후의 진화과정을 통해 이루어졌음은 오늘날 거의 상식처럼 되어 있다. 그런데 그 내용이 너무 포괄적이기에 어떤 사람들은 이를 제대로 이해하려면 인접 과학들 사이의 긴밀한 연계 작업이 있어야 한다고 믿는다.4) 몇 년 동안의 무척 활발한 토론을 거친 다음에 우주과학자들은 우주가 얼마나 오래되었고, 얼마나 거대하며, 어떤 단계를 거쳐 발달해왔는지 등의 우주의 기본적 사실에 대해 대부분 의견의 일치를 보게 되었다.5) 오늘날 우주는 아주 커서 아마도 약 2000억 개의 은하계들로 이루어져 있으며 하나의 은하계에는 약 1000억 개의 별이 들어 있는 것으로 추정된다(Rue 2000, 51). 그것은 통상 140억 년 전의 빅뱅에 의해 시작된 것으로 여겨진다(Overbye 2002). 우리는 우리가 말하는 것을 정확하게 서술하고자 할 때 수치를 사용하기 때문에 이런 수치들이 제시하는 이야기 속의 심원한 신비의 층들을 간과하기 쉽다. 그 모든 것을 여기에서 자세하게 말할 수는 없지만 몇 가지 점은 언급하고 싶다.

과학자 스티븐 호킹Stephen Hawking은 "빅뱅의 순간 전 우주는 제로 크기zero size였고... 무한히 뜨거웠다"고 말한다(Hawking, 1988, 117). 우리가 수학적으로는 이 말을 이해할 것 같지만, 여기에서 실제로 말해지는 것이 무엇이며 실제로 일어난 일이 무엇인지를 상

---

4) 철학자인 로얄 루Loyal Rue는 이렇게 말한다. "과학들은 이제 세부 분야들로 단편화하기보다 서로 교차하는 학문들로 통합되고 있다. 지난 수십 년 동안의 가장 흥분되는 이론적인 발전들은 큰 것에 대한 과학들과 작은 것에 대한 과학들이 통합될 수 있었다는 데 있다. 물리학에서는... 천문학이 입자물리학과 이론적으로 짝을 이루어 양자우주론을 만들어냈다. 생물학에서는 진화론이 분자생물학과 결합하여 대통합을 이루었다. 심리학에서는 신경학이 인지이론 및 다른 분야들과 만나 통합인지과학들을 형성했다... 특별히 중요한 것은 한편으로는 생물학과 물리과학 사이의 연결이며 다른 한편으로는 생물학과 사회과학의 연결이다... 오늘날은 진화의 패러다임이 급격히 물리과학, 생명과학, 사회과학 등 모든 과학들의 조직 원리가 되고 있다. 과학들의 이런 통합 이면에 있는 일관된 통찰은 우주 전체가 진화하고 있다는 것이다. 우주는... 서로 연관되어 있는 사건들로 이루어진... 단일 실체이다. 우주는 진화가 일어나는 장소 아닌 **그 자체로** 이미 진화 발생이다"(2000, 42-43).
5) 데니스 오버비는 점진적으로 이루어지고 있는 이런 의견일치의 여러 차원들을 그의 최근의 글에서 요약하고 있다(2002).

상하거나 생각하기는 지극히 어렵다. 그것이 무엇이든 "제로 크기"라는 이것을 어떻게 묘사할 수 있으며(가령 무로부터의 창조?), 어떻게 그것이 우리의 '우주'의 시작이 될 수 있었는가? "무한히 뜨거웠다"는 구절이 의미할 수 있는 것은 무엇인가? 이런 수수께끼들은 물론 모든 것의 시발점에 해당되는 것이지만, 사실은 이뿐만이 아니다. 우리는 빅뱅과 함께 우주는 즉각 엄청난 속도로 확장되기 시작했다고 듣는다. 제로 크기의 어떤 것이 '확장expanding'된다고 말하는 것이 도대체 무엇을 의미하는가? 이런 표현들 속에서 언어들은 거의 이해할 길 없는 식으로 사용되고 있으며, 우리의 일상 언어로서는 결코 명확하게 표현할 수 없는 신비를 다루고 있는 듯 보인다. 계속해서 살펴보자.

> 우주가 확장됨에 따라 복사 에너지의 온도는 낮아졌다. 빅뱅이 있은 지 1초 후 그것은 … 태양 중심의 온도의 1000배 정도 되는 100억도 만큼 낮아졌다… 이 때 우주는 주로 광자photons, 전자, 그리고 중성자로 채워져 있었을 것이고 약간의 양성자와 중성자도 있었을 것이다. (이 모든 것은 원자의 구성부분인 극히 작은 소립자들이다) … 빅뱅이 있은 후 약 100초 후 우주의 온도는 가장 뜨거운 별들의 내부 온도인 약 10억도 정도로 낮아졌다. 이 온도에서 양성자와 중성자가… 서로 결합하여 하나의 양성자와 하나의 중성자로 이루어진… 중수소의 원자핵을 만들었다… (이런) 원자핵은 더 많은 양성자 및 중성자와 결합하여 헬륨 원자핵을 만들었으며… 빅뱅이 있은 후 몇 시간 만에 헬륨과 다른 원소들의 생산은 중지되었다. 그 다음 수십 억 년 동안 특별한 변화 없이 우주는 계속 팽창했다(Hawking 1988, 117-119).

이제 잠시 멈추어서 우주의 이런 모습을 하나씩 생각해 보자. 무슨 말인지는 알 것 같으나 실제로는 이해도 상상도 잘 되지 않는다. 비록 호킹은 "빅뱅이 일어난 1초 뒤의 순간으로 되돌아갔을 때의 모습에 대해서는 우리가 제대로 이해하고 있다고 상당 부분 확신할 수 있다"고 말하지만(Hawking 1988, 118), 여전히 여기에는 많은 신비가 있다. 더군다나 우리는 지금 우리의 우주에 대해서만 말하고 있을 뿐이다. 그러나 과학 저술가인 데니스 오버비Dennis Overbye가 말하듯이 어떤 이론가들은 우리가 보는 140억 광년의 우주는 훨씬 더 거대한 우주의 아주 작은 부분에 불과하며, 그 전체 모습은 영원히 우리의 시선을 벗어나 있다고 생각한다(2002, D6).

우리는 이런 묘사의 세부적인 부분들을 이해하기 어렵다는 것을 이미 알게 되었다. 이제 그 전체 모습을 생각해 보자. 그것 역시 제대로 상상하거나 생각하기가 거의 불가능하다. 아주 작고 엄청나게 뜨거운 (제로 크기의) 어떤 조각이, 아무런 이유 없이, 빅뱅(대폭발) 속에서 몇 시간 만에 상상할 수 없을 만큼 갑자기 커져버렸고 그것이 우리의 우주라고 부를 수 있는 것의 시작이 되었다. 빅뱅 이전에 어떤 일이 있었는지를 알 길이 없고, 또한 어떤 일이 있었다 해도 그것이 무엇인지 역시 결코 알 수 없다. 더 나아가 우리의 우주 너머에 있을 "더 광대한 우주" 혹은 전체 우주 역시 전혀 알 수 없다. 그것은 오버비의 말처럼 "영원히 우리의 시선을 벗어나 있다." 따라서 모든 것은 철저히 신비로 남아 있다. 호킹은 그 이유를 이렇게 설명한다. 우리의 "우주에는 시공간의 경계선을 설정하는 기이한 시작과 끝이 있는데… **과학 법칙은 거기에서는 완전히 무너져버린다**"(Hawking, 1988, 139; 강조는 나의 것. 또한 같은 책

122, 133, 136 쪽도 볼 것).6)

위의 문장에 따르면 과학자들은 소위 과학 법칙을 독창적이고 창조적으로 적용함으로써 빅뱅과 그 이후의 우주의 전개 과정을 발견했으며 그 내용은 상당히 믿을 만하다. 그러나 현실은 그보다 훨씬 복잡하다. 가령 이런 '자연 법칙'은 도대체 어디에서 왔는가? 우리가 잠시 후 살펴보겠지만, 여기에는 호킹의 설명보다 훨씬 많은 창조성의 신비가 있다. 현대 과학으로는 무엇이 그런 빅뱅이 있게 했는지에 대해서는 빅뱅을 아무리 쳐다보아도 알 길이 없다. 따라서 호킹의 주장이 옳다면, 우리는 우리가 알고 있는 세계에 대한 모든 인간 지식의 결코 넘지 못할 하나의 한계에 도달한 듯 보인다. 물론 빅뱅 이후의 우주의 발전에 대해서는 ('자연 법칙'을 통하여) 상당히 자세히 알고 있다고 주장되기는 하지만, 여전히 우리와 우리의 우주는 이해할 수 없는 신비로 완전히 감싸여 있다. 여기에서 우리가 빅뱅을 그 전후에 있었던 어떤 일들과 중요하게 연관시킬 수 없는, 그 자체로 독립되어 있는 사건으로는 간주하지 않는다는 점이 중요하다. 비록 우리가 빅뱅보다 선행했던 어떤 것에 대해 모르지만 그 결과들 즉 그 뒤에 따르는 것은 우주에 새로 구조들과 형태들이 존재하게 됨에 따라 계속 누적되고 (언젠가 끝은 있겠지만) 오래 동안 지속된다. 이런 형태의 질서와 질서 만들기는 곧 (내가 창조성 2와 창조성 3으로 부르자고 제언했던) 다른 창조적 활동 발생의 배경이 된다. 이런 그 이후의 창조적 활동 역시 축적되고 발전되면서 점진적으로 복잡도가 증가해 가는 창조적 진화 과정 속에 더 많은 새로운 형태의 질서들을 만들어 낸다.

---

6) 이 점에 관해서는 모든 사람이 호킹과 의견이 같은 것은 아니다. 다른 관점에 대해서는 Rees 1997을 보라.

빅뱅의 결과들에 대한 지식이 아무리 인상적이라고 해도 우리는 빅뱅이 어떻게 또한 왜 발생했는지를 전혀 알 수 없다. 호킹은 역설적으로 이렇게 말한다. "어쩌면 빅뱅과 빅뱅 이전의 사건들을 이 이론으로부터 잘라내는 편이 나을지 모른다. 왜냐하면 그것들은 우리가 관찰하는 것에 아무런 영향을 미치지 못하기 때문이다"(Hawking 1988, 122).[7] 따라서 빅뱅은 왜 어떤 것이 없지 않고 있는가 하는 질문에 대해 어떤 답변도 주지 못한다. 우리는 그저 빅뱅 안에서 빅뱅과 더불어 발생했던 엄청난 창조성이 신비, 적어도 우리에게는 완전한 신비라는 점만 말할 수 있다. 우리의 지식은 여기에서 한계에 이른다. 그러나 이 말이 빅뱅 이전에 아무것도 없었다거나 빅뱅이 발생했던 어떤 종류의 배경도 없었음을 뜻하지 않는다. 그것은 우리 인간들이 결코, 아마 앞으로도 영원히, 도대체 왜 빅뱅이 발생했고 어떻게 발생했는지 알 수 없음을 뜻한다. 우리는 "무로부터 어떤 것이 나왔다"는 데 대한 탁월한 예로 빅뱅을 말할 처지에 있지 않다. 우리는 이 위대한 창조적 사건이 어떻게 발생했는지 알지 못한다. 그 모두는 완전한 신비인 것이다.

II

그러나 여기에서 우리가 연관되어 있는 신비는 비록 과학적 설명에서는 자주 거론되지 않지만 지금까지 살펴본 것보다 더 깊고

---

[7] 호킹은 이 책의 개정판에서 이런 관점을 다소 바꾸어 더 이상 빅뱅 그 자체의 무관계성을 말하지는 않는다. 대신에 그는 "빅뱅 이전의 어떤 사건들"과의 무관계성을 주장한다(Hawking 2002, 105). 그러나 이 점이 우리의 논지에 영향을 미치지는 않는다.

심원하다. 빅뱅에 대한 이런 다소 환상적인 이야기에서 과학자들이 부르는 이런 '기이함singularity'은 도대체 어디에서 왔는가? 우주 안의 수천억 개의 은하계 중의 하나에 속한 3등급 항성인 태양 주변을 도는 2등급 행성인 지구 위의 과학자들은 내가 개관했던 모든 것을 많은 노력을 기울여 자세히 연구했다. 이 모든 이야기는 여기 지구라는 행성 및 그 가장 가까이 있는 것들에서 발견되는 자료들에 대한 조심스러운 관찰에 근거하여 형성되었다. 이런 관찰들은 여러 세대에 걸쳐서 연구되고 수정 보완되는 가운데 지구라는 행성과 인간의 모든 경험을 넘어서는 정교하고 야심적이며 창조적인 더 믿을만한 해석들과 설명들로 발전되었다. 여기 21세기 인간의 상황에서 이루어진 이런 지극히 창조적인 추정은 한편으로는 먼 과거의 시간, 즉 적어도 140억년보다 더 이전의, 지구라는 행성에 생명체가 서식하기 오래 전에 왔다가 사라져간 많은 일시적 기간들을 포함한다. 다른 한편 이런 추정은 믿을 수 없을 정도의 광대한 공간, 곧 그것들이 만들어지고 세련되고 발전되었던 행성으로부터 140억 광년이나 멀리 떨어진 곳까지 온 사방으로 뻗어나간다.

이런 추정은 이곳 지구라는 행성에서 발견되는 자료들에 대한 해석과 설명에 근거해 있으며, 그 모두는 결국 인간의 **창조적 구성물들이다**.[8] 그것들은 인간 상상력(창조성 3)의 산물로서 서로 다른 많은 원천들에 기인한 관찰들과 수치들을 해석과 설명을 통하여 통일되고 의미 있는 형태로 통합한 것이다. 왜 그리고 어떻게 인간의 이런 엄청난 상상력이 존재하게 되었을까? 우리의 우주에

---

[8] **상상에 의한 구성**imaginative construction이란 나의 용어의 기원에 대해서는 이 책의 맺는 말 부분의 III을 보라.

대한 지식의 근간이 되는 이런 추론과 그 외의 다른 구성은 어떻게 신뢰할 수 있는가? 여기에서 우리는 다시 심원한 신비, 이 경우에는 우리 인간의 창조적이며 인식적 능력들을 만들어낸 창조성의 신비인 창조성 2를 만나게 된다. 이런 창조성은 어느 정도는 창조성 3과 연계되어 있다. 또한 우리는 이런 능력들이 의지하고 있는 신비의 정도도 만나게 된다. 상상력은 이미지들, 소음들, 종이 위의 표시들 같은 수많은 상징과 상징체계를 창조해 왔으며, 이것들 중 적어도 일부는 인생과 우리가 배우고자 하는 세계의 소위 '현실들'에 대응하는 것들로 간주된다. (이 책의 주된 관심인 '하나님'이라는 상징과 그것이 중심적인 중요성을 갖게 된 상징체계들 역시 인간 상상력의 산물에 속한다. Kaufman 1995, 특히 2 장). 어떻게, 그리고 왜 인간들은 이처럼 완전히 새로운 상징 세계를 창조하기 시작했는가? 이 질문을 신학적으로 표현하면 이렇게 된다. 우리는 이미 창조된 세계라는 상황 속에서 변혁적으로 활동하는 신적인 창조 행위(창조성 2)가 어떤 방식으로든 이제 창조성 3의 형태로 변형되어, 자기를 의식하는 인간의 상상력 안에서 또 그것을 통해서 자신을 드러내는 것을 어떻게 이해해야 하는가? 우리가 하나님을 창조성으로 생각한다면, 이는 인간의 영 안에 신적인 영이 거주한다는 전통적인 표현의 한 중요한 예가 될 것이다. 그러나 이 사실을 어떻게 이해해야 하는가?

우리는 물론 이런 발전이 역사적으로 어떻게 이루어졌는지에 대해서는 말할 수 있다. 아주 일찍부터 인간들은 표상하는 것, 곧 그들이 살아가는 환경에 대해 **상상하는** 것이 도움이 될 뿐 아니라 꼭 필요한 것임을 발견했다. 다시 말해서 그들은 자신들이 살고 있는 상황을 가리키는 이미지와 생각들을 창조하고 말했다. 이런 표상이나 이야기나 사상이 없었다면 행동도 없었고, 미래에 대해 생각하거나 계획을 세운 후 가장 가능한 방식으로 그 계획들을 수행할 수도 없었을 것이다. 이런 표상들과 신화들 중 더 고대적인 것들의 많은 부분은, 비록 그것들을 만들고 그들이 제공하는 관점들 안에서 살아간 사람들에게는 꼭 필요한 것들이었다고 해도, 오늘날 우리가 보기에는 이상할 뿐 아니라 황당하기까지 하다. 그 이유는 우리가 수천 년 동안 세계에 대한 아주 많은 표상들을 상상하고 성찰하고 시험해 왔으며, 그 가운데 주로 묵상, 성찰, 잠정적인 실험, 그리고 다시 더 신선한 이미지 작업을 통하여, 그것들을 비판적으로 시험해 볼 방법들을 고안했기 때문이다. 지난 3백 년 혹은 4백 년 어간에 근대적 과학 방법론들이 점진적으로 발전되고 사용됨에 따라 이런 활동들 중의 일부가 점진적으로 정돈되고 설득력을 갖게 되었다. 그러나 이런 모든 창조성 3의 발전이 왜 그리고 어떻게 발생했는지는 여전히 깊은 신비로 남아 있다. 극히 복잡하고 치밀하게 논증되며 고도로 창의적인 현대의 우주론적이며 진화론적인 사고 속에서 우리가 보는 것 역시 우리가 어떤 존재이며 우리가 살아가는 세상은 어떤 세상인지, 이 세계 안에서 우리의 올바른 자리는 어디이며 우리 인간이 규명해야 할 궁극적 실재들과 능력이 무엇인지를 이해하려는, 오랜 역사 속의 인간의 시도가 맺은 결실들 중 하나다. 이런 탐구와 더불어 인간의 상징적 창조성이라는 상당히 놀랍고, 아마도 결국에는 결코 설명될 수 없는 신비가 천천히 예기치 못한 형태로 나타난 것이다(여기에 대해서는 뒤에 조금 더 말하겠다).

이 모든 세계상과 신화들 – 가장 원시적인 것에서부터 가장 세련된 것에 이르기까지, 아주 종교적이거나 철저히 과학적이거나 아니면 둘 다이거나 간에 – 그 모두는 인간 상상력의 산물이다. 그 중의 어떤 것도 인류와 세계에 대한 최종적인 진리 같은 것을 계시하지 않는다. 그 모두는 오류가 있는 인간의 상징적 생산물로서 계속되는 비판적 검토가 필요하다. 현대 과학 방법론의 가장 주요한 특징 하나는 개념과 제언, 결론에 대해 계속적인 비판적 검토와 문제제기를 하는 데 있으며 이런 과정을 통과할 때만 그것은 받아들여진다. 그러나 이런 모든 비판적 검토가 아무리 '창조적'이라고 해도 그 모두는 언제나 이곳 지구 위의 남자와 여자에 의해 이루어지기 때문에 언제든지 틀릴 수 있다. 또한 오늘날 우주과학에서 이루어지고 있는 것처럼, 오랫동안 논란이 된 논점들에 대한 합의가 이루어진다 해도 우리는 너무 쉽게 그 시류에 따라가서는 안 된다.

물론 나는 현대 우주론과 진화론을 불신하지는 않는다. 내 생각에 그 이론들은 세계와 세계 안에서의 우리 인간의 자리에 대한 최고의 이론이다. 따라서 그것이 우리에게 제공해 주는 관점에 따라 살고 생각하고 행동할 필요가 있다. 그러나 동시에 우리는 철저히 비판적인 자세를 취해야 한다. 상상할 수 없을 정도로 거대하고 오래된 우주에 대한 이런 현대적인 이해가 모두 우주의 한 구석에 있는 우리의 자그마한 지구 위에서 얻은 데이터에 근거한 극히 야심찬 인간의 창조적인 추정에 불과한 줄 알고, 이런 사상들의 연약함을 인식하고 있어야 한다. 이것은 우리가 알 수 있는 최선의 세계 이해, 즉 이전에 있었던 어떤 것들보다 더 장대하고 더 충분히 숙고된 세계에 대한 관점이다. 그것은 상징들과 상징체계들을 창조하는 인간의 상상력에 의해 만들어져온(창조성 3) 진정 놀라운 신비이다. 이런 종류는 우리가 아는 한, 인간이 역사의 무대에 나타나기 전에는 존재하지 않았다. 그것은 인간의 활동과 함께 존재하게 되었다. 이런 상징적인 구성물들 역시 (과거에 자주 그러했듯이) 미래에는 의심의 여지없이 오늘날 도저히 생각할 수 없는 모습으로 바뀌고 발전하게 될 것이다.

우리가 지금 살고 있는 이 거대한 우주를 생성한 창조성(창조성 1)과 현저하게 구별되는, 다양한 표지들과 의미들의 세계들 및 환상적일 정도로 수많은 언어들은 (부분적으로는 의식적으로 상당 부분은 무의식적으로) 인간의 상징적 창조 행위를 통하여 생성되었다. 그 수많은 사상들과 이미지들, 기억들과 희망, 두려움과 불안, 성취와 실패, 살고 행동하는 방식, 다양한 많은 사회와 문화, 문학 속의 상징 세계들, 조형미술 속의 모든 형태와 패턴과 디자인, 음악과 수학과 춤의 거대한 세계, 수많은 철학과 과학과 종교의 많은 이론과 가정, 모든 종류의 수많은 의미, 또한 이 모든 것과 연결된 것으로서 끔찍한 무의미의 경험 등은 모두 창조성 3이 있었기에 가능하였다. 이런 엄청나게 풍부한 상징적 행위들은 실상 빅뱅에서는 발견되지 않는다. 사실 빅뱅 이야기 그 자체도 창조성 3의 산물, 곧 현대 수학과 과학의 도움으로 정교하게 표현한 것이다. 상징적 창조성symbolic creativity은 인간이 언어의 점진적인 창조를 통하여 천천히 발생함에 따라 상당히 늦게, 아마도 수만 년 전에 세계 안으로 들어오기 시작했다. 이런 후대의 발전은 뇌 과학자인 테렌스 디컨이 주장한 것처럼 우리 인간의 뇌와 다른 동물들의 뇌를 구별하는 큰 전두엽prefrontal cortex의 성장을 가져왔다. 우리의 먼 조상들이 아프리카에서 나와 점차 지구 전역에 흩어짐에 따라 인간의 언어 발전 및 여타 인간의 상징적, 문화적 활동들이 서로 다른 많은 방향으로 움직여 갔다. 물론 우리는 그 발전들 모두를 추적할 수는 없다. 그러나 그것들은 4백여 년 전에 폭발적으로 나타나기 시작한 상상력, 즉 현대 세계의 다양하고 복잡한 측면들의 창조와 그 과정 속에 있었던 현대 과학과 기술의 창조라는 풍부한 창조성의 배경이 된다. 실상 이런 것들이 없었다면 앞에 말한 어떤 것도 제대로 이해할 수 없을 것이다.

이런 창조성 3의 신비는 빅뱅의 신비와는 아주 다르지만, 그것이 분명히 전제하고 있는 더 이른 시기의 신비들(창조성 1, 2)만큼 정녕 인간에게 충격적이면서 중요하다. 우리가 앞에서 보았듯이 저 초기의 신비들에 대한 이야기는 오직 우리 인간의 상징적 행위들을 통해서만 창조될 수 있다. 저 초기의 창조성1과 창조성 2는 우리가 살고 있는 세계의 물질을 만들었으며 역동적인 질서를 창조했다. 반면에 우리 인간의 정신과 영성적 활동을 통하여 나타났고 전체 정신적/영적인 세계를 구성하는 창조성 3은 그 이전에 있었던 창조성의 양태들로부터 새롭게 나타난 결과이다. 이 말은 우리가 창조성을 정적인 실재 곧 언제 어디서나 똑같은 것으로 생각해서는 안 된다는 것을 뜻한다. 창조성은 그것이 만들어내고 또한 그 안에서 발생하는 그 증가하는 복잡성에 적합한 방식을 따라 조정되고 발전한다. (이 사실이 갖는 신학적 함의에 대해서는 V부에서 논의할 것이다). 데카르트와 그의 후예들은 **정신과 물질을** 서로 완전히 다른 두 실재로 생각했다. 그들이 왜 그렇게 생각했는지는 쉽게 이해할 수 있다. 그러나 그런 주장은 점차로 문제가 있는 것으로 여겨졌다. 다윈의 진화 사상은 이런 변화를 유발한 가장 중요한 요소였다. 이는 그것이 이곳 지구라는 행성 위의 물질과 생명 질서의 진화과정 속에 어떻게 정신이 발생할 수 있는지에 대해 생각할 길을 열어 주었기 때문이다. 진화 이론은 앞에서 살펴본 것처럼 이제 우리의 우주의 극히 다양한 모습들을 하나의 거대한 개념으로 통합하는 위대한 종합적 관점이 되었다.

창조성 3은 창조성 2가 특별한 형태로 복잡화된 것처럼 보인다. (이 부분은 조금 있다가 논의하겠다). 창조성 2 이전에 또 그것과 분리해서는 그 어떤 상징이나 상징체계, 상징적 창조성, 상징적 세계는 없었을 것이다. 뇌 과학자인 테렌스 디컨이 주장한 것처럼 인간의 문화 안에서만 발견되는 이런 상징적 실재들은 "언어와 뇌의 공진화" 덕분에 만들어질 수 있었다.9) 인간의 상징적 활동이 충분히 제자리를 잡으면서 창조성은 처음으로 자기를 의식하며 의도적인 것이 되었다. 언어가 생겨남에 따라 인간은 자신들의 행동들이 지향하는 다양한 목표들을 이름 짓고 상상할 수 있게 되었다. 곧 지금 눈앞에서 경험하지 않는 문제들도 자기 의식적이면서도

---

9) 디컨의 책의 부제목은 "언어와 뇌의 공진화(The Co-evolution of Language and the Brain)"이다. 그는 부분적으로 찰스 샌더스 퍼스Charles Sanders Peirce에 근거하여, 상징들은 소음이나 표시처럼 세계 안의 어떤 대상을 직접 가리키는 표식(소위 색인적인 언급)이 아니라고 주장한다(Deacon, 1997, 70쪽 이하). 예를 들어 단어들은 세계 안의 대상들을 대신할 뿐 아니라 "다른 단어들을 대신한다. 사실상 그것들은 한 언어 안의 모든 다른 단어들과의 아주 특수한 개인적 관계들 안으로 편입된다... 한 단어가 지시되는 대상들을 지적하는 데 필요한 정보를 운반하는 것은 이처럼 대상과 다른 단어들(혹은 적어도 의미상의 다른 대안들)이라는 이중적 지시를 통해서다. 단어들 사이의 이런 색인적 관계 - 체계적으로 다른 단어들을 지시하는 단어들 - 는 더 높은 질서의 관계 시스템을 형성한다.., 상징적 언급은 **조합적인** 가능성들과 불가능성들로부터 기인한다. (단어와 비슷하게) 상징과 어떤 대상이나 사건을 짝을 짓는 것을 결정하는 것은 그것들의 동시적 발생의 개연성이 아니라 그 상징이 다른 상징들과 갖는 관계의 어떤 복잡한 기능이다"(82-83). "따라서 요약하면 상징들은 구조화되어 있지 않은 조각들의 무더기로 이해될 수 없다... 상징적 언급의 이런 체계적인 관계적 근거 때문에 표식들의 무더기는 그 전체 무더기가 조직의 어떤 전반적인 원리들에 부합되지 않으면 상징적으로 기능할 수 없다... 상징과 상징의 매핑 속에 함축된 그 구조가 상징적 언급 이전에는 존재하지 않으며 그것이 처음으로 구성되는 순간부터 존재하게 되며 상징적 조합들에 영향을 미친다... 상징 시스템들로서 상징들 사이에서 발전하는 표상적 관계들의 시스템은 성장하여 더 복잡한 매트릭스를 구성한다... 상징적 언급은 원래부터 체계적이기 때문에 체계적 관계들 없이는 그 어떤 상징화도 가능하지 않다"(99-100).

의도적으로 상상하고 이름 짓는 능력을 마침내 갖게 되었다. 이로 인해 가능성 있는 여러 목적들 중에서 하나를 선택할 수 있었고 그 목적을 실현하기 위한 계획을 세우고 하나씩 이루어갈 수 있게 되었다. 인간의 문화는 이 모든 것을 통하여 이루어졌다. 곧 사람들이 도구들이나 추위를 막아주는 담요 같은 필요한 물건들을 만들어 사용하고 그것들에 대해 말하는 것을 배움에 따라, 특히 가장 중요한 것으로 농사의 발견 곧 먹거리를 생산할 줄 알게 됨에 따라 그렇게 되었다. (물론 의도적이며 의식적이기보다 우연히 그렇게 되었으며, 이 역시 예기치 않게 찾아온 우발성이다!). (여기에 대해 아래의 창조성 2에 관한 논의, 특히 게르드 타이센과 제러드 다이아몬드를 언급하고 있는 IV 부분을 보라). 점차적으로 인간들은 막대기, 돌멩이, 짐승 가죽 같이 즉각적으로 쓸 수 있는 물건들을 사용할 뿐 아니라 의도적으로 일상생활에 요긴한 물건들을 만들어 쓸 수 있음을 알게 되었다. 곧 창조성 3이 무대 위에 등장한 것이다. 그러나 그 자체로는 **창조된 것**인 이런 창조성 3을 사람들이 먼저 상상할 수 없었다면 이런 일들이 가능했을까? 실상 인간의 자의식적인 삶을 가능케 하는 조건들을 점진적으로 만들어낸 것은 창조성 2, 즉 창조성이 때로 드러내는 신비스러울 정도로 예기치 않게 찾아오는 측면이었다. 또한 창조성 2는 의도적인 인간의 결정과 행위들이 그 자체로 강력한 창조적인 결과들을 만들어내는 중에도 역사의 발전에 계속 중요한 영향을 끼쳐왔다(여기에 대해 Kaufman, 1993a, 19-22장 참조).10) 따라서 창조성 3 안에는 지금도

---

10) 우리는 '비록 역사의 움직임은 인간의 결정과 행동에 의해 다양한 모습으로 형성되어 왔지만 그 안에는 인간의 사려 깊은 의도성 이상의 것이 작동하고 있다. 콜럼버스는 인도로 가는 더 쉬운 길을 찾으려 했지만 그가 한 것은 미국을 "발견"한 것이었다. 네덜란드에서 온 한 무리의 정착자들이 1623년에 뉴 암스테르담을 건립했지만

계속되고 있는, 예기치 않게 찾아온 창조성 2와 언어적인 (또한 다른) 상징들과 상징체계들에 의해 가능하게 된, 더 최근에 발생한 자의식적이면서 의도적인 인간의 창조 행위가 함께 섞여 있다.

III

이제 창조성 2를 살펴보자. 물론 우리는 (오늘날 현대 과학이 보여주는 그 지극히 복잡한 진화적인 모습을 생각할 때) 이런 양태의 창조성의 모습을 모두 탐구할 수는 없다. 그러나 세계와 생명의 창조적인 진화적 발전이 어떻게 이루어졌는가를 조금 살펴보는 것만으로도 큰 도움이 될 것이다. 우리는 앞에서 우주의 시작과 초기 발전에 대한 호킹의 설명을 살펴 보았다. 호킹에 의하면 우주는 빅뱅 이후 수백만 년 동안 급속히 팽창되었다. 로얄 루Royal Rue는 이런 초기 팽창의 후반부를 다음과 같이 기술한다.

수백만 년 동안 우주는 (원자의) 핵이 전자와 결합하기에는 너무 뜨거웠다. 그러나 조건들이 맞아 떨어지자 많은 양의 수소와 헬륨

그들은 그들의 식민지인 이 장소에서 오늘날의 뉴욕 시가 생겨나리라고는 꿈에도 생각지 못했다. 마그나 카르타(대헌장)은 존 왕이 일부의 귀족들에게 어떤 영지의 권한을 보장하기 위해 서명한 것이지만 시간이 지남에 따라 그것은 영국의 의회 민주주의와 근대 앵글로 색슨족의 민주주의 발전의 중요한 기초가 되었다. 요하네스 구텐베르크의 금속 활자 발명은 거의 모든 사람들이 인쇄된 글을 볼 수 있게 함으로서 근대 문화에 예기치 못한 진보를 가능하게 했다. 이런 예는 계속 들 수 있다. 처음 발생했을 때는 사소하고 중요하지 않아 보였던 많은 사건들이 예상치 못했던 큰 결과은 가져오는 것으로 판명될 뿐 아니라 때로 역사의 과정을 전혀 예기치 못했던 모습으로 바꾸어 놓는다. . . 이것이 내가 '역사의 예기치 못함'이라고 부르는 것이다. (Kaufman, 1993 a, 273-75).

원자들이 형성되기 시작했고 그 다음 수십 억 년 동안에는 차가운 가스 구름이 우주에 확산되어 파도처럼 일렁거리고 있었다. 물질이 조직되기 시작했다… (다시) 수십억 년의 시간이 지난 다음 가스로 가득 찼던 우주가 분할되기 시작하여 조금씩 분리된 구름들로 재조직되었고, 그 각각은 나머지 것들과 분리되었다. 천억 개가 넘는 이런 조각구름들은 뒤에 은하계가 될 것들이었다. 은하계의 분할과정은 우주가… 50억 살이 될 즈음 완성되었다(2000, 57).

과학자들은 이런 설명에서 아주 흥미롭고 놀라운 몇 가지 세부사항들을 발견했다. 호킹은 이렇게 말한다. "빅뱅 이후 1초 뒤의 팽창률이 천억 분의 일 정도라도 적었더라면 우주는 현재의 크기에 이르기 전에 다시 붕괴되어 버렸을 것이다"(Hawking 1988, 121-122). 로얄 루 역시 이렇게 말한다. "(빅뱅의) 폭발력이 조금만 더 컸다면 (혹은 응집력이… 조금이라도 적었다면)… 우주는 지금보다 훨씬 빨리 팽창했을 것이며 어떤 종류의 은하계나 별도 형성될 수 없었을 것이다"(2000, 62). 우리의 세계가 만들어진 과정은 여전히 지극히 신비스럽기만 하다!

창조성 2, 곧 우주의 계속적인 진화와 마침내 이르게 된 생명진화 가운데 드러난 신비에 대하여 무슨 말을 덧붙일 필요가 있겠는가? 2장에서 언급한 것처럼 마틴 리스Martin Rees는 복잡한 형태의 생명들이 발생하기 이전에 일어나야 했던 일을 다음과 같이 간략히 요약한다.

우리 인간과 같은 생명으로 진화하기 위해서는 초기 세대의 별들이 태어나 죽고 화학 원소들이 만들어져야 한다. 그 후 태양이 만들어지고 그 주변에 행성이 형성되어야 한다. 여기에는 수십억 년이 걸린다… 우주의 크기는 우리를 놀라게 하지 않는다. 하나의 은하계 안의 어떤 별 주위에 있는 하나의 행성에서의 생명 진화를 위한 충분한 시간을 허용하려면 우주는 엄청나게 클 필요가 있었다(1997, 215).

이런 발전의 다른 세부적인 부분 역시 아주 놀랍다.

우리가 지금 알고 있는 과학 법칙은 전자의 전하량의 크기나 중성자와 전자의 양의 비율 같은 많은 근본적인 숫자들을 포함하고 있다… 놀라운 사실은 이런 숫자 값이 생명의 발달을 가능하게 만들기 위해 아주 섬세하게 계속 조정되어 온 것 같다는 점이다. 만일 전자의 전하량이 조금만 달라졌어도 별들은 수소와 헬륨을 태울 수 없었거나 폭발할 수 없었다… 어떤 지성을 가진 생명체로의 발전을 허용할 수 있는 수치들의 범위는 비교적 극히 제한되어 있어 보이는 것이 아주 분명하다. 대부분의 수치들이 우주를 만들어낼 수 있고 또 그렇게 만들어진 우주가 무척 아름다울 수 있지만 그 아름다움을 감탄할 존재들을 그 속에 만들어내지는 못했을 것이다 (Hawking 1988, 125).

왜 많은 사람들이 여전히 이런 창조성 2의 전체 과정 이면에 지성을 가진 어떤 '설계자Designer'가 있음이 틀림없다고 주장하고 있는지 이해가 된다. 그러나 어떤 사람들은 이런 창조성을 철저히 자연주의적naturalistic 관점에서 이해하려고 한다. 이들은 세계 속에 점진적으로 발생했고 특별히 뒷날 살아 있는 유기체들 속에서 발전된 증가하는 복잡성 자체만 가지고도 새로운 실재들이 정해진 과정을 통해 나타났음을 설명할 수 있다고 한다. 우리는 그것이 과학적인 것이든 다른 것이든 간에 우리가 관찰하고 고려한 것을 단순화 하고자 하며, 그 결과 곧잘 잘못된 설명으로 만족한다. 따라서 지극히 복잡한 문제를 다루게 될 때면 우리는 발생하고 있는 현상을 오해하기 쉽다. 오늘날 일어나고 있는 새로운 복잡계 이론들theories of complexity에 의하면, 생명의 발생을 마침내 가능하게 한 것은 수십억 년 동안 은하계와 별들에서 시작하여 원자들과 분자들에 이르고 마침내 생명의 창발까지 점차적으로 복잡해진 자기 조직화의 패턴 그 자체이다. 곧 생명의 복잡성은 점점 증대되어 수많은 진화적 형태들을 낳았고 마침내 인간, 즉 의식하고 생각하고 상상하고 책임적인 행동을 하는 행위자의 형태까지 포함하게 되었다.11) 따라서 이런 증가하는 복잡성과 그것이 어떻게 작동하는지를 이해할 때 우리는 창조성 2의 의미를 더 잘 이해하게 된다. 철학자이자 신학자인 마크 테일러Mark C. Taylor는 그의 최근의 책 《복잡성의 순간The Moment of Complexity: Emerging Net work Culture》(2001)에서 물리학자, 수학자, 진화생물학자, 문화 철학자들이 오늘날 논의하고 있는 놀라운 사상들과 이론들의 어떤 면모들을 비판적으로 탐구하였다. 이런 사상들은 이 세계와 생명체 안에서 진행되고 있는 창조성의 심원한 신비를 더 잘 인식하게 하는 개념적인 도구를 제공한다. 그의 책 앞부분에서 테일러는 그 전체

---

11) 복잡계 이론은 생명의 복잡성 뿐 아니라 비유기체의 복잡성까지 다루는 전반적인 개념들을 발전시키고 있다는 점에서 생물의 진화 이론 보다 훨씬 그 범위가 넓다. 우발적 변이와 자연 선택에 기초하고 있는 진화에 대한 신-다윈주의 이론은 (약간의 수정을 거치면) 점차적으로 복잡한 형태의 질서의 발생에 대한 이런 더 포괄적인 설명 안에 포함된다. 진화 이론과 복잡계 이론의 관계에 대해서는 Taylor 2001, 182-94를 볼 것.

적인 모습을 다음과 같이 제시한다.

> 복잡계 이론가들에 의하면 중요한 변화는 모두 너무 많은 질서와 너무 적은 질서 사이에서 발생한다. 질서가 너무 많으면 시스템들은 얼어붙고 변화는 이루어지지 않는다. 반면 질서가 너무 없으면 시스템들은 해체되고 더 이상 기능하지 못한다... 프리고진Ilya Prigogene에 따르면, 무질서는 그냥 질서, 구조, 조직을 파괴하기보다 그것들의 형성과 변혁의 조건이 된다. 새로운 역동적인 상태들은 평형 상태가 전혀 아닌 조건들에서... 발생한다. 복잡한 적응 시스템들은... 언제나 카오스의 가장자리에서 발생하고... 계속되는 진화 상태 가운데 존재한다(2001, 14-15. 강조는 나의 것)

모든 시스템, 구조, 유기체 안에 있는 이런 질서와 무질서 사이의 복잡하게 서로 얽혀 있는 상호 혼합성 (전문용어로는 '정보information'와 "소음noise'사이의 결코 없어지지 않는 상호혼합성)은 때로 "카오스의 가장자리edge of chaos"에 미치는데 그것이 새로운 형태들이 만들어지는 모태이다. 테일러는 이렇게 설명한다.

> 소음 없이는 정보도 없으며 그 반대도 역시 마찬가지다. 기생동물이 박멸되지 않듯이 소음 역시 소멸되지 않는다... "실수, 파동 같은 선, 혼란, 모호성은 지식의 한 부분이다."(여기서 테일러는 미켈 세레스Michel Serres의 말을 인용한다.) "소음은 의사소통의 한 부분이다."... 프로그램들이 유연하고 코드들이 잘 적응하면... 소음이 새로움을 발생시키는 방식으로 전개될 수 있다... 새로움의 발생은 옛 것을 예기치 못한 방식으로 재편하여 이전에 생각지 못했

던 차이들이 발생되게 만든다… 소음은 "시스템의 복잡계를 성상시키는 책임"이 있다(Seres 2001, 121-122. 강조는 나의 것)

이것은 충격적이고 혼란스러운 말이다. 여기에서 창조성은 모든 시스템이나 구조 속에 발견되는 질서와 무질서, 정보와 소음 사이에서, 신비스럽게 아무런 설명도 없이 발생한다. 빅뱅에서 시작하여 오늘날 우리가 알고 있는 세계에 이르는 우주의 진화와 이런 신비한 창조성이 긴밀하게 연결되어 있는 것이다. 특히 이런 신비한 창조성은 지구라는 행성 위에서 생명의 펼쳐짐을 통해 자신을 드러낸다. 세레스는 유기체는 "고도로 복합적인 시스템이다… 이 시스템은 평형 상태 속에 있지 않다. 왜냐하면 열역학적 평형 상태는 곧 그것의 죽음을 뜻하기 때문이다… 그것은 일시적인 불균형 상태에 있으며 그런 불균형을 최대한 유지하려고 한다. 그것은… 열역학 제2 법칙의 불가역전적인 시간에 예속되어 있다. 왜냐하면 그것은 죽기 때문이다. 그것은 시간과 거슬러 싸우고 있다."(인용은 Taylor, 2001, 135).

테일러는 이렇게 요약한다. "생명은 균형이 깨어져 있는 동안에만 계속 유지된다"(135). 더 나아가 생명의 진화론적 역동성은 비교적 단순한 것에서 아주 복잡한 수많은 형태들로 발전한다. 우리 인간들이 창조성을 이해하기가 그렇게 어려운 이유 하나는 우리 모두가 너무 자주 자연을 조화롭고 균형 잡힌 것으로 생각하기 때문이다. 그러나 그것은 잘못이다. 모든 시스템들은 어떤 점에서 균형이 깨어져 있으며 때로 소위 '임계점tipping point'이 오면 현재의 질서는 새로우면서 더 잘 적응하는 질서에 자리를 내어주게 되고 그 순간 창조성이 발생한다. 그런가 하면 결정적인 순간이 찾아오면 그 현존하는 질서가 혼돈chaos 속에 부서져서 파괴되어 버리기도 한다. 그 결정적 순간은 통상적인 '양적인 변화'가 갑자기 질적인 변화로 바뀌는 순간이다(Taylor, 2001, 148).

퍼 백Per Bak은 이렇게 주장한다. "자연 안의 복합적 행위는 많은 요소들을 가진 큰 시스템들이 균형 잡힌 '임계점에 이른' 상태, 균형이 깨어지는 방식, 곧 조그마한 혼란들이 – 무난하고 점진적인 방식이 아닌 재난 같은 사건들이 일어나는 – 눈사태라 불리는 모든 크기들의 사건들로 바뀌어 가는 성향을 반영한다. 이런 아주 미묘한 상태는 아무런 설계 없이 발생한다… 그런 상태는 그 시스템 안의 개별 요소들 사이의 역동적인 상호 연관성에 의해서만 이루어진다. (그것은)… 자기 조직적이다self-organized." 자기 조직적인 비판성의 상태에서 비선형적인 사건들은 그 원인자들에게 불균등하게 영향을 미친다… 그 역동적인 상호 연관성들은… 개별적인 요소들에 대한 설명으로 환원될 수 없고 전일적으로만 기술해야 하는 전 우주적인 사건을 유발한다. 마지막으로 그 한계점에서 개별적 사건들의 결과는 예측이 불가능하다(테일러 2001, 148-149).

여기에서 우리가 주목해 보아야 할 중요한 요점들은 다음과 같다. (1) 모든 복합적 시스템들과 구조들, 유기체들은 그것들을 하나로 통일시키고 **정확하게 바로 이런 시스템이나 유기체를 만드는 내적인 조직을 가지고 있다.** 이런 특징은 바깥에서 주어지는 것이 아닌 일종의 **자기조직화**self-organization이다. (2) 이런 내적인 자기 조직화는 언제나 긴장, 곧 어떤 점에서 **균형이 깨어진 상태로**out of balance 있다. (3) 임계점the tipping point이 언제 오며 또 왜 오는

지에 대해서는 결코 예측할 수 없으나 그것이 오면 전혀 예측 못할 결과들을 수반하는 사태avalanche가 일어난다. (4) 이런 결과들은 완전히 파괴적이어서 이전의 질서들이 혼돈으로 몰락해 버릴 수도 있고, 이전보다 환경에 더 잘 적응하는 새로운 형태로의 자기 조직화, 즉 이전에는 결코 없었던 새로운 실재의 창조가 일어날 수도 있다. 우리가 여기에서 시도하고 있는 것은 창조성 2에 대한 일반적 서술이다. 그러나 우리는 이런 저런 새로운 실재가 왜 그리고 어떻게 이런 과정을 통하여 발생했는지에 대해서는 설명하고 있지 않다. 새로운 것을 만들어내는 창조성 2는 언제나 예측불가능하고, 예상할 수 없고 경이롭다. 우리는 그것을 어느 정도 자세히 기술할 수 있으나 완전히 설명할 수는 없다. 테일러는 이런 조직화된 시스템과 진화의 모습을 다음과 같이 요약한다.

> 발생하고 있는 자기 조직적 시스템들은 복합 적응 시스템들complex adaptive systems이다. 복합 시스템들이 자신들을 유지하기 위해서는 필요에 따라 그들의 환경에 대해 개방해야 한다. 따라서 복합 적응 시스템들은 필연적으로 진화, 더 정확히 말하면 (그들의 환경과 함께) 공진화해야 한다. 진화하는 복잡계의 역동성이 명확해짐에 따라 복합 적응 시스템들만 진화하는 것이 아니라 진화과정 역시 사실상 복합 적응 시스템임이 분명해진다(2001, 156).

균형의 깨어짐, 임계점, 자기 조직적 시스템들과 같은 개념들은 우리에게 창조성 2, 곧 자연세계 안의 창조성에 대해 생각하는 방식을 제공한다. 비록 이런 개념들을 (빅뱅이 있기 이전의 주변 조건들에 대해서 우리가 모르기 때문에) 빅뱅에 적용할 수는 없지만 급격한 팽창기를 포함하는 우주 진화 및 생명 진화과정에 적용할 수는 있다. 물론 이런 서술이 가능하다고 해서 그 발전들의 신비가 다 해소되었다는 것은 아니다. 아직도 우리는 그 결정적인 진화의 임계점이 어떻게, 왜, 언제 발생하는지 거의 알지 못하고 있다. 또한 우리가 이 문제들에 대해 더 잘 알게 된다고 하더라도 그 창조적인 결과를 제대로 설명할 것 같지는 않다. 우리는 단순하고 열등한 것에서부터 크고 복잡한 것들이 발생해온 그 신비를 이해할 수 없다. 창조성 2에 적절한 오래된 형태의 질문으로 바꾸면, 왜 어떤 것이 없지 않고 있느냐 하는 질문이 될 터인데, 이에 대해 우리는 답할 수 없는 것이다. 우리가 기억해야 할 것은 이런 서술과 유사 설명의 그 무엇도 이런 전체 창조과정이 움직여가는 미래에 대해 결코 진정한 지식을 주지 못한다는 점이다. 곧 그것은 상당히 가까운 미래나, 지구라는 행성 위의 인간의 기획의 궁극적인 미래나, 전체로서의 우주의 미래에 대해 아무것도 알려주지 못한다. (물론 과학은 지금의 태양은 언젠가는 타 버릴 것이고 우주 전체는 결국 다시 붕괴하거나, 확산된 다음 무로 해소될 것이라고 주장하고 있고 앞으로도 계속 그러할 것이다). 그럼 창조성(하나님)은 우주가 죽거나 말거나 관계없이 영원히 계속될 것인가? 앞에서 살펴보았듯이 우리는 우리의 상상력을 동원하여, 빅뱅에서 시작하여 우주 진화, 생명 진화, 그리고 역사와 역사성에 이르는, 우주 안의 창조적 행위 과정에 대한 모호하고 일반적인 그림을 재구성할 수 있었다. 그러나 창조성 그 자체 곧 하나님에 대해서는 선명하게 추정할 수 없었다. 따라서 현재의 우리의 시야로는 하나님(만일 하나님이 창조성으로 생각된다면)은 언제나 영원토록 깊은 신비로 남아 있을 가능성이 높다.

IV

지금까지 우리는 창조성 2라는 개념의 내용을 조금 자세히 살펴보았다. 여기에서 그 진화적 이야기 전체의 특별한 복잡성을 모두 개관할 수는 없다. 그러나 이 장에서 구성 중인 전체적인 그림을 살펴봄에 있어서 창조성 3, 즉 세계 안에서 우리들의 인간적인 창조적 행위가 발생되도록 만든(창조되도록 한) 그 기념비적인 전환에 대해서는 좀 더 살펴볼 필요가 있다. 여기에서 다음의 두 가지를 고려해야 할 것 같다. (1) 주로 언어와 문화의 발전을 통한 인간 역사와 역사성의 발생, (2) 생리학 교수인 제러드 다이아몬드 Jared Diamond가 '자체촉매autocatalytic'[12] 과정이라고 부른 것의 역사 안에서의 발생과 발전이다.

(앞에서 간략하게 살펴본) 언어와 뇌의 공진화의 중요성을 당연한 것으로 여기면서 이제 오늘날 우리가 생각하는 바 인간이 창조되었으리라고 보는 후기의 단계들을 살펴보자. 1장의 II에서 살펴본 것처럼, 우리들은 우리의 생물학적 진화만이 아니라 수많은

---

[12] 역자주: 장회익 교수는 '자체촉매적 국소질서autocatalytic local order'라는 개념을 이렇게 설명한다. "물질 체계가 비평형적 상황에 놓일 때 이른바 요동fluctuation이라는 것에 의해 하나의 국소질서가 발생하는 것은 확률적으로 가능한 일이며, 또 이러한 국소질서가 주변에 영향을 주어 어떤 현상을 촉진하는 촉매적 기능을 나타낼 수 있음도 보편적으로 잘 알려진 물리적 현상이다. 이러한 것들보다는 한층 더 희귀한 일로서, 이 국소질서가 바로 자신과 흡사한 또 하나의 국소질서를 형성시키는 데에 촉매적 기능을 나타내는 일 또한 원리적으로 가능하다. 이는 물론 그 국소질서 자체만의 성격이 아니며 이를 가능케 하는 주변의 여건이 함께 할 때 가능하게 된다. 이제 일정한 주변의 여건 아래 이러한 기능을 나타내는 국소질서가 발생했다고 할 때 이를 일러 '자체촉매적 국소질서'라 부른다." (장회익, "우주의 자기 이야기 – 스윔과 베리의 《우주 이야기》에 대한 논평," 2001년 8월 24일 대화문화아카데미에서의 발제문).

세월 동안의 역사 속의 사회문화적 발전을 통해 우리 인류의 가장 뚜렷한 특성들의 많은 부분을 습득했다. 가령 우리가 살고 있는 자연세계에 대한 우리의 확장된 종합적 지식으로 인해 우리는 지구라는 행성에서의 우리의 즉각적 환경과 다른 어떤 동물보다 훨씬 뛰어난 (사회문화적이며 심리학적인 부분뿐 아니라) 우리 존재의 물리적이며 생물학적인 조건들을 통제하는 상당한 능력을 갖게 되었다. 앞에서 보았듯이 우리가 자연 질서뿐 아니라 역사의 지속적인 운동에 대한 통제 방법을 점차로 획득하게 된 것은 많은 경우 이런 역사문화적 과정들에 의해 형성된 존재들로의 발전 곧 자연적인 생물학적 과정들뿐 아니라 인간으로 창조된, 우리의 역사성 덕분이었다. 이 사실은 결코 조그만 변화가 아니다. 그것은 진화과정이 수없이 다양한 흐름들로 굽이쳐 흐르는 가운데 나타난 많은 독특한 발전들 이상의 것이다. 그것은 진화과정 그 자체의 엄청난 질적 변화로서 구약학자인 게르드 타이센Gerd Theissen의 말처럼 "진화의 진화"이다(Theissen 1985). 진화과정 속에서 역사와 역사성이 발생함으로 인해 "진화의 결정적인 요소들, 즉 변이, 선택, 그리고 보존이 변화되었다"(17).

> 문화가 나타나기 이전의 진화에서 무의식적으로 일어난 일, 곧 선택을 통한 생명의 진전(이것은 언제나 고통을 의미한다)이 인간들에서는 의식적인 것이 되었다. 창조의 둔중한 고통은 (인간)에게 와서 대변하는 목소리를 발견한다(30쪽). 문화의 결과로 (자연) 선택이 축소된다... 왜냐하면 자연이 생명의 기회를 놀라울 정도로 감소시켜도 문화가 그것을 가능하게 할 수 있기 때문이다(46쪽). 종교는... 인간 문화의 핵심(으로)... 선택이란 원리에 대한 거부이

다. 그것은 인간들을 더 큰 실재에로 개방시킨다(49쪽). (문화에서) 유전자의 증가보다 중요한 것은 가치, 규범, 통찰, 그리고 경쟁관계에 있는 유전자들이 협력하여 만들어내는 생명 형태들의 보존이다... 종교를 통하여 인간들은 그들과 유전자가 일치하지 않는 사람들과도 자신들을 동일시하는 데 성공했고 그들을 친족, 사실상 그들의 한 부분인 양 대할 수 있었다. 상징들을 만들고 전달하는 (그들의) 능력을 통하여 인간들은 이전의 진화를 넘어서 유전자적이고 사회적 이기주의의 능력으로부터 자유하게 되는 조그만 발걸음을 내디딜 수 있었다... 문화적 존재들로서 그들은 자신들이 기회의 분배를 위한 투쟁에서 패배한 사람들과 점진적으로 폭넓은 연대를 함으로써 삶을 전진시키라는 요구 앞에 노출되어 있음을 알았다(142-145).

인간 문화의 성장(과 인간의 상징적 행동의 성장)은 우리가 본 것처럼 우리의 뇌의 진화를 포함하여 오늘날의 호모 사피엔스의 앞선 조상들의 실제적인 생물학적 발전에 심대한 영향을 미쳤다(Deacon 1997). 문화에 의해 창조된 복잡한 차원들과 과정들이 점차적으로 인간의 본성이 되었다는 것은 창조성 3, 곧 사람들이 많은 세대를 거치면서 역사 속에서 새로운 종류의 인류를 만들었다는 점이 생물학적 진화(창조성2)가 오늘날의 인류를 만들어 내는 데 꼭 필요한 부분이 되었음을 의미한다. 오직 인간 역사의 질서 안에서만 자의식, 위대한 상상력과 창조성, 자유와 책임적 행위를 가진 존재들이 나타났다.[13] (비록 어떤 '고등' 동물들은 약간의 비슷한

---

[13] 인간의 의도적 행동, 도덕적 책임성, 그리고 창조성, 또한 그것들 없이는 이 모든 것이 가능하지 않는 인간의 자아성과 공동체의 복잡성에 대한 개관적 설명에 대해

능력을 가지고 있는 듯하지만 그들은 인간들이 자신들과 지구라는 행성의 표면을 바꿀 수 있게 한 복잡한 상징적이고 문화적 세계를 결코 발전시키지 못했다). 계속된 생물학적 진화와 더불어 수천 년 동안 원초적 역사 발전을 이루어 가는 중에 인간의 생역사적 실존이 무대에 등장했다. 놀라운 상징적 능력(창조성3)을 가진 존재들, 사실과 반대되는 것(경험 속에 지금 현존하지 않는 것, 혹은 결코 경험되지 않았고 앞으로도 되지 않을 것 같은 무수히 많은 가능성들),14) 역사성을 가진 존재들은 엄격히 생물학적 과정이 되었던 것의 마지막 단계에서 그냥 그렇게 발생하지 않았다. 그것은 생물학적 과정(창조성 2)이 역사적 특성들(창조성 3)과 점진적으로 뒤섞인 것이다. 따라서 1장에서 보았듯이 우리의 고유한 인간 실존의 가장 깊은 차원으로 내려가면 우리는 생역사적 존재들, 곧 우리의 역사성에 의해 결정적으로 형성된 존재들로서15) 그 자체로 우리의 발생하는 창조성 3의 산물인 것이다.

따라서 우리 인간들은 인류학자 클리퍼드 기어츠Clifford Geertz의 말처럼 "문화 – 이 때의 문화는 일반적인 문화가 아니라 도버 문화, 자바 문화, 호피 문화, 이태리 문화 같은 극히 구체적인 형태의 문화 – 들을 통하여 자신을 완전케 하거나 완료시키는, 불완전하거나 완료되지 않은 동물들이다"(Geertz 1973, 49). 이런 각각의 구체적인 문화들은 그 환경에서 상호 연관되어 있지만 그 자체의 특수한 역사(창조성 3), 곧 분명히 구별되는 방식으로 그 자체를 형성해 왔고 또한 나름의 가치와 의미, 제도들과 실천들, 삶과 죽

서는 Kaufman 1993a 11-13장을 보라.
14) 이런 무한성에 대한 논의로는 Steiner 1989, II부를 보라.
15) 생역사적 존재로서의 인간에 대한 충분한 제시와 탐구는 Kaufman 1993a, II부를 보라.

음의 방식을 형성함으로써 그 안에 사는 사람들의 존재들을 형성해 왔다. 인간의 역사적 기획은 초기부터 철저히 다원적이었다. 이런 다양한 역사적 가닥들 중 어떤 것들은 아주 역동적이 되어, 고도의 복잡성과 창조성을 가진 거대한 문화들과 사회들을 낳고, 인간의 삶이 영위되는 인위적인 세계들을 만들어 내었다. 반면에 어떤 것들은 자연의 세계에 더 가깝게 유지되었다. 서구 문화에서 몇 백 년 전에 역동적으로 시작되었던 현대 과학과 기술은 이제 전 세계로 퍼져 나가 오늘날의 대부분의 복잡한 문명들 속에서 적극적으로 추구되고 창조적으로 실천되고 있다. 그것들은 (다른 많은 요소들과 더불어) 전 지구적 상호연관성, 상호소통, 그리고 구조적 상호연결을 촉발하는 지적이며 제도적인 힘(창조성 3)이 되고 있다.

왜 그리고 어떻게 어떤 역사적-문화적 과정들은 그렇게 극히 역동적이고 창조적이며 결국 전 세계를 주도하게 되었는가?

이런 질문은 나의 두 번째 요점 곧 자레드 다이아몬드가 자체 촉매작용 과정이라 부른 것의 역사적 흐름 속의 발전으로 돌아가게 한다. 지금까지의 인간의 생역사적 실존의 발생을 성찰하는 중에 우리들은 인간이 상징의 세계에 사는 것을 가능하게 만들고, 그로 인해 주어진 자연의 세계를 재형성하고 변혁하며 (때로는) 미래의 풍성한 인간의 창조성의 발생을 촉진하는 언어와 다른 형태의 상징화의 발명의 중요성을 주로 살펴보았다. 그러나 왜 이런 역사성이 어떤 역사적 가지에서는 엄청난 문화적 생산성을 발전시키고 점차로 세계로 확장된 반면에 다른 덜 역동적인 가지들은 이런 강력한 운동에 삼켜지거나 아니면 그냥 뒤처지게 되었는가? 나는 모든 인간 사회는 생역사적이며 그들의 고유한 역사성들에 의해

서로 구별되게 형성된다고 주장해 왔다(창조성 3). 그런데 내가 여기에서 생각하고 있는 강력한 역동성과 창조성의 잠재성을 강조하는 인간 역사성에 대한 특별한 개념은 우리가 그 안에서 우연찮게 살게 된 근대적/탈근대적 사회들 안에서 우리가 보고 경험했던 것으로부터 주로 기인했다(물론 그 비슷한 창조성과 역동성 역시 과거의 위대한 여러 문명들 속에서 보인다는 것을 잊지 않는 것이 중요하다). 다이아몬드는 인류의 수렵 채취 단계의 삶의 많은 부분은 (우리가 살펴 본 것처럼) 언어의 시작과 우리 자신의 것과 비슷한 뇌의 발전으로 인하여 가능하게 되기는 했지만, 주로 기본적인 생물학적 필요에 의해 규정되었다. 이것은 그 자체로는 (그의 표현인) "자체촉매 과정들"이 역사 속에 일어나도록 하기에는 충분하지 않았다. 자체촉매 과정은 "그 자체를 긍정적인 피드백(되먹임) 과정으로 촉발시켜 한 번 시작되면 점점 더 빨라지게 되는 것이다"(Diamond 1997, 111). 만일에 이런 종류의 과정이 우리 역사 속에서 일어나지 않았다면, 우리는 우리가 점차로 그렇게 되어 가고 있다고 내가 제시한 그런 특별한 종류의 생역사적 존재들이 될 수 없었을 것이다.

다이아몬드에 의하면 이런 자기 가속화 과정이 시작될 수 있게 한 것은 무엇보다 먼저 인간이 의도적으로 곡물 생산 단계로 들어서면서부터였다(100). 식량 공급이 더 많이 더 안전하게 이루어질 수 있게 되면서 더 많은 여가 시간이 확보되어 사회들은 다양한 기능들을 가진 사람들과 집단들로 분화되었고, 각 개인은 특별한 과업과 기술들에 집중하게 되었고 그것을 통해 그들은 새로운 방식으로 창조적이고 생산적이 될 수 있었다(창조성 3). 정치 질서 역시 바뀌어서 사회는 성격상 더 위계질서적이 되었고 새로운 문제들을 다루는 데 기동성을 갖게 되었다. 예를 들어 다른 집단의 물품들과 사람들을 노획할 수 있는 사람들은 전사들로 훈련 받았으며, 그 가운데 훨씬 더 복잡한 사회문화적 조직들이 다양하게 발생했다. 곧 그것은 결코 누군가에 의하여 계획된 것이 아니라 내가 "예기치 않게 찾아온 창조성"이라고 부르는 것이 인간 역사의 초기 단계들에 나타난 하나의 예이다(Kaufman 1993a, 19장과 그 이후의 장들. 또한 2장의 각주 2번을 보라). 식량 생산의 발달이 이런 변화가 처음으로 시작된 장소이며 그것 없이는 이런 일은 전혀 발생하지 않았을 것이다(Diamond, 1997, 110-12).

실제로 발생한 것은 우리가 흔히 생각하듯이 식량 생산의 발견이나 **발명**이 아니다. 심지어 식량생산이냐 수렵채취냐 하는 것 사이의 의식적인 선택도 없었다… 식량생산을 채택한 첫 번째 사람들은 분명히 농사일을 하나의 목표로 의식적으로 선택하거나 의도적으로 추구하지 않았다. 왜냐하면 그들은 결코 농사짓는 것을 본 적이 없었고 그것이 어떤 것인지 알지도 못했기 때문이다… 식량 생산은 그 결과를 전혀 알지 못하는 결정들의 부산물로 진화했다(예기치 못한 창조성)… 그러나 식량생산이 대륙의 한 구석에서 일단 시작되자 이웃에 살던 수렵채취자들은 그 결과를 보고 의식적 결정을 할 수 있게 되었다(105-108).

세계의 모든 곳에서… 고고학자들은 식량생산의 등장과 함께 (인구) 밀집이 이루어져 간 증거를 발견한다… (그것이) 자체촉매 과정이다… 인구 밀도가 점차 증가함에 따라 사람들은 더 많은 식량을 얻어야 했다… 사람들이 식량을 생산하기 시작하고 한 곳에 머물러 살게 되자 자녀 출생의 간격이 짧아져 더 많은 사람들이 태어나게 되었고, 다시 더 많은 식량이 필요하게 되었다... 식량생산자의 인구가 밀집됨으로 수적 우위를 가진 그들은 수렵채취인들을 대치하거나 살해할 수 있었다... 처음에는 오직 수렵채취인들만 있던 지역에 식량생산을 선택한... 집단들이 그렇지 않은 집단들의 수를 능가하게 되었다(111-12).

따라서 자연적인 생물학적 선택 과정은 점차적으로 식량생산자들을 더 편애했고 그 결과 그들은 점진적으로 복잡해지는 사회문화적인 삶의 양식들이란 의도치 않은 보너스를 얻게 되었다. 자체촉매적인 역사 과정은 예기치 않게 시작되었고 그것을 통해 인간의 삶과 지구의 표면은 완전히 바뀔 것이었다. 인간은 철저히 생역사적 존재가 되어가고 있었다.

여기에서 우리들은 우리가 잘 아는 그런 역사에 도달했다. 곧 다양한 공동체와 제도들, 사회적, 문화적 실천들, 도덕법들과 생활양식들, 사고하고 행동하는 방식들, 다양한 기법과 기술들, 인간 인구와 다양한 인간 집단들 안의 많은 갈등들, 인간의 의식적이며 자의식적인 행위의 역사, 개인적이고 사회적 목표들에 대한 의도적 설정, 삶과 그 의미 혹은 그 무의미에 대한 성찰, 다양한 형태의 종교 활동의 발달, 우리 주변의 세계와 세계 내의 인간 삶의 본성에 대한 의도적 연구와 추상적 성찰, 인간의 상상력과 성찰이 점차로 잘 발달하고 의식적으로 개발되는 역사, 따라서 인간의 창조성이 많은 모습으로 드러나는 역사, 인간이 만들어낸 많은 선과 아울러 많은 악이 존재하는 역사 등이다. 인간들은 그들의 삶의 모든 차원에서 생역사적 존재들, 곧 (모든 여타의 극히 복잡한 현대적인 인간 실존과 더불어서) 현대 과학과 그들의 세계상들을 만들 수 있는 그런 존재들이 되었다(창조성 3). 물론 그 어떤 개인이나 사회도 이런 모든 창조적인 발전들을 미리 계획한 다음 그것들을 수행하지 않았음을 주목하는 것이 중요하다. 비록 인간의 창조성이 그 모든 순간에 현존했으나 발전된 것 중의 많은 부분이 누군가에 의해 예견되었거나 인간적인 노력에 의해 의도적으로 이루어진 것은 아니다. 이런 위대한 역사적 창조들은 창조성 2에 의해 발생하기 시작했고, 창조성 3을 통하여 계속해서 확장되고 관철된 자체 촉진적인 동력들의 예기치 못한 산물들이었다.

V

지금까지 하나님을 **창조성**으로 간주하고, 또한 창조성을 하나님으로 간주하는 것이 뜻하는 바를 간략히 묘사하는 데 관심을 가지면서, 창조성의 세 가지 '양태들modalities,' 그로 인하여 이 세상에 낯선 모든 것이 생성하는 것에 대해 초점을 맞출 수 있었던 세 가지 분명하게 구별되는 상황들을 탐구해 왔다. 창조성 1 - 절대주의적인 형태 속의 창조성, 다시 말하면 우주의 기원에 대한 현대적 이해인 빅뱅에서 예시된 것처럼, 전혀 설명할 수 없고 질문만 할 수 있는 지성intelligibility이 있다. 우리는 왜 그리고 어떻게 빅뱅이 일어났는지 결코 알 수 없다. 이는 이 사건은 (이것이 '사건'으로 간주될 수 있다면) 그 자체로 우리 지식의 결코 넘을 수 없는 한계이기 때문이다. 여기에서 우리의 과학 법칙들은 다 무너져 버리기 때문에, 무엇이 이 사건의 '원인이었는지'를 배울 길이 없다.

(만일 원인이란 개념을 여기서 사용하는 것이 적절하다면). 그래서 우리가 가지고 있는 것은 모두 심원한 신비, 즉 어떤 것이 (무로부터) 존재하게 된 원초적이고 적나라한 신비이다. 그럼에도 불구하고 빅뱅은 현대의 우주론 이론에서 아주 중요한 개념이며, 이 사실은 물론 그 신비를 더 심화시킨다.16)

창조성 2와 창조성 3는 창조성 1보다는 좀 쉽게 이해할 수 있다. 이는 우리가 그것들이 발생한 맥락을 어느 정도 알고 있으며 그것들을 가능하게 한 특별한 조건들을 구체화할 수 있기 때문이다. 하지만 우리들은 그것들이 어떻게, 또 왜 창조적일 수 있는지는 알지 못한다. 이들은 모두 있는 그대로의 무로부터의 창조는 아니지만,17) 둘 다 그와 비슷한 유사한 특성들을 예시하며 우리가 계속 주목해왔듯이 둘 다 많은 점에서 깊은 신비로 남아 있다. 창

---

16) 내가 앞의 각주 7 번에서 언급한 것처럼 스티브 호킹은 이런 극히 모호한 상황을 주목한 다음 이렇게 선언한다. "우리는 빅뱅과 그 이전에 있었던 어떤 사건들이라도 이 이론으로부터 잘라 내어버릴 수 있을 것이다"(호킹, 1988, 122). 그러나 그의 책의 수정판에서 그는 빅뱅 그 자체에 대해서는 이런 강력한 표현을 쓰지 않고 '빅뱅 이전의 사건'에만 이런 표현을 쓴다. 이는 아주 흥미롭지만 내가 생각할 때 이런 생각은 신비가 우리에게 드러나 있기보다 오히려 숨어 있음을 말해준다.

17) 이런 언급(과 이 장의 다른 언급들)은 여기에 서술한 창조성을 생각하기 위한 세 가지 양태의 구조에 의하면 창조성1은 "창조성"이란 단어의 의미가 규정되고 검토되는 것과 연관하여 가장 기본적인 모판임을 의미한다. 무로부터의 창조 creatio ex nihilo 모형을 염두에 두고 볼 때 창조성2와 3은 비록 규정한 형태와 유사한 특성들을 가지고 있지만 필연적으로는 (어떤 면에서) 무엇인가 빠져있는 형태들로 보인다. 창조성1에 개념적 우위성을 주는 것을 정당화하기 위해 언어적이며 역사적인 논증을 할 수 있지만 그런 논증들이 결정적이지는 않다. 창조성2를 규정적인 범주로 말하는 창조성에 대한 분석을 할 수도 있을 것이다. (성경 저자들을 위한 범주는 창조성 3이다. 그러나 오늘날의 세계에서는 우리가 보았듯이 별 설복력을 갖지 못할 것이다). 이 말은 창조성 1이 단순히 알려지지 않은 그 창조성의 중요한 맥락적 특성들과 함께 추상화된 것처럼 보이는 상당히 다른 모습으로 인도해 갈 것이다. 나는 이 문제를 여기에서 계속 다룰 수는 없다. 내가 이 점을 언급하는 이유는 창조성이란 개념이 오늘날 신학을 구성하는 작업에 적절한 것으로 간주되는 만큼 그것을 탐구할 가치가 있다고 생각하기 때문이다.

조성 2는 140억 년 전의 빅뱅의 뒤를 이은 극히 복잡한 발전들을 따라서, 우주 진화 및 생명 진화의 궤적들의 엄청난 확장과 그로 인한 증식 속에 나타났다. 시간이 지남에 따라 수많은 다양한 모양들과 유형들의 수백억의 실재들이 이 궤적 안에 존재하게 되었다. 오늘날의 복잡계 이론은 이런 발전들의 어떤 특성들에 대해 생각하는 방식을 제공하지만 이런 이해는 그저 빙산의 일각에 불과하며 그 대부분은 여전히 우리 시야를 벗어나 있다. 창조성 2의 신비는 생각하면 할수록 아주 넓고 포괄적이고 심원하다.

수많은 문화/상징 형태들, 현실들, 그리고 세계들을 자기 의식적이면서 의도적으로 창조하기에 이른 창조성 3(인간의 상징적이며 문화적인 창조 활동)이 창조성 2로부터 어떻게 발생할 수 있었는가 하는 문제 역시 깊은 신비이다. 이 신비는 자기 의식적이고 책임적인 생역사적 존재들인 인간의 발생과 연관되어 있다. 지구라는 행성에서 발생한 언어와 인간 뇌의 뚜렷한 공진화가 없었다면, 창조성 3은 결코 일어나지 않았을 것 같다. 그러나 여기에도 여전히 많은 것이 알려지지 않은 채로 남아 있다. 어쨌든 우리 인간과 같은 자기 의식적인 존재의 발생 및 우리의 상징적 창조성이 없었다면 빅뱅에서부터 시작된 이런 발전의 전체적인 그림은 결코 창조될 수 없었을 것이다.

이런 생각들이 우리를 어디로 인도해 가는가? 만일 우리가 하나님을 창조성으로 생각하고 창조성을 하나님으로 생각한다면, 창조성에 대한 이런 검토가 하나님에 대해 말해주는 것은 무엇일까? 창조성(하나님), 곧 새 것, 낯선 것의 생성을 뜻하는 창조성은 지금까지 살펴본 것처럼 동서남북 어디에서나 발견된다. 곧 빅뱅에서 별들과 행성들을 만들고 은하계를 만든 우주의 팽창을 거쳐서 지구라는 행성 위의 생명의 등장과 그 수많은 형태의 진화를 거쳐서 마침내 창조성이 어느 정도 이상 자기 의식적이고 의도적이 된 생역사적 존재에 이르기까지 창조성은 모든 곳에서 발견된다. 하나님(창조성)은 분명히 언제 어디서나 어느 정도 이상 또 모든 면에서 항상 활발히 활동하고 있으며, 이는 신학적으로 아주 중요한 결론이다. 이 모든 논의에서 분명하게 해야 할 점은 하나님은 창조된 모든 것과 구별된다는 점이다. 그러나 창조성 3은 어떤 점에서 창조성 2의 창조물 같아 보인다. 창조성이 점점 복잡해져가는 세계 속에 자신을 계속해서 드러내는 중에 그것은 그런 발전에 적절한 방식들로 자신을 변형시켰다. 하나님의 행위는 언제나 창조적이지만 시간 속에서 하나님이 활동하는 그 상황에 적절한 방식으로 분명히 변화(혹은 성장?)한다.18) 이 사실이 가지는 신학적 함의는 아주 크다.

 이 분석에서 창조성의 세 가지 양태들이 서로 간에 변증법적으로 연결되어 있음dialectically interconnected을 주목하는 것이 중요하다. 우리들은 그것들 각각을 다른 것들과의 상호 연관성 안에서만 명확하게 생각할 수 있다. 그들은 다함께 있음으로 21세기 지구라는 행성에서 보고 생각하게 된 우주 안의 창조성, 곧 그 자체의 잠재성과 장대함으로 성장하는 것 같은 창조성에 대한 개관을 제공한다. 여기에서 말해져야 하는 모든 것은 물론 그 자체로는 창조성 3의 산물 곧 상징들의 구조이다. 빅뱅이라는 개념(창조성 1)과 빅뱅으로부터 상징적 창조까지의 140억 년 동안의 진화의 길(창조

---

18) 약 1세기 전에 화이트헤드A. N.Whitehead는 이런 주장의 필요성과 타당성을 분명하게 보았다. 그의 책 《과정과 실재Process and Reality》에 나타나는 하나님에 대한 "양극적bipolar" 개념을 보라.

성 2)에 대한 생각들은 그 자체로서 상징체계symbol-systems이다 (창조성 3의 산물). 창조성 1이나 창조성 2 같은 표현들 역시 그것들이 없이는 우리가 창조성 3과 그것의 생성을 이해할 수 없는 상징 시스템들이다. 현재의 진화론적 사고에 의하면, 상징적 질서는 140억 년이라는 이전의 (비상징적인) 진화적 발전 없이는 존재할 수 없었다. 물론 상징적인 검토와 다른 상상력에 의한 활동(창조성 3)과 떨어져서는 이 사실을 검토할 수 없다. 여기에서 우리들은 완전히 상호의존적이고 통전적인 그리고 이런 의미에서 지성적인 자기 설명적 전체를 가지고 있으며, 이 전체는 다른 의미에서는 전혀 설명할 수 없는 것 곧 신비이다.19)

세 가지 창조성의 양태들을 검토하는 가운데 우리가 창조성의 발생을 보거나 믿게 되는 곳이면 어디나 신비를 보게 됨을 발견했다. 이 점은 이해하기 어렵지 않다. 창조성의 양태들은 (내가 그들을 해석한 것처럼) 언제나 더 단순하고 덜 복잡한 어떤 것에서 더 거대하고 더 복잡한 어떤 것이 생성되는 것과 관련된다. 우리 인간들은 어떤 것들이 생성된 것을 인과율cause and effect이라는 개념으로 주로 생각하려 한다. 그러나 유한한 인과율이라는 우리의 개념들 그 무엇도 이런 종류의 발전을 설명할 수 없다. 세계와 세계 안의 우리 자신들에 대한 우리의 인식과 생각은 성경의 설명들로 돌아가거나 현대의 과학 사상들에 초점을 맞추거나 간에 많은 종류

---

19) 나는 이런 관점을 강요하고 싶지는 않지만 여기에서 요약한 창조성의 삼중 구조와 삼위일체라는 기독교적인 하나님 이해 사이의 약간의 유사성(동일성은 결코 아니다)을 주목하는 것은 흥미롭다. 곧 창조성 1은 삼위일체 하나님의 "첫 번째 인격"과 상응하고 창조성 2는 "세 번째 인격"과 상응하고 (모든 곳에서 적극적으로 활동하시는 하나님의 영), 창조성 3은 두 번째 인격(인간의 삶과 활동 속으로 성육신한 하나님)과 상응한다. 창조성으로서의 하나님이란 개념은 때로 놀라운 방식으로 전통적인 기독교 사고와 연관되어 있는 듯하다.

의 창조적인 발생들을 선물한다. 나는 이 책에서 창조성을 구체화하거나 그것을 독립된 유사 인격quasi-person으로 이해되는 창조주 같은 어떤 '존재'에게 귀속시키는 것이 적절하지 않다고 계속 말해 왔다. 왜냐하면 이런 발전하는 활동developing activity(창조성)이야말로 마땅히 하나님으로 생각되어야 하기 때문이다. 이처럼 하나님을 창조성으로 묘사하는 것은 모든 창조성을 하나님과 연결시키는 서구의 오랜 역사를 생각할 때 특별한 식으로 아주 잘 들어맞는다 (비록 하나님은 '발전하는' 것으로는 보통 생각되지 않았지만 말이다). '창조성'은 비록 깊이 신비스럽지만 오늘날의 세계와 인간에 대한 이해라는 맥락에서 구체화되고, 또한 하나님은 피조된 질서 속의 어떤 실재들과도 혼동되어서는 안 된다는 중요한 전통적 주장과도 타협함이 없이 사용될 수 있는, 하나님에 대한 우리의 표현의 지시어로 사용될 수 있다. 하나님은 창조성이며, 피조물들과 깊이 연관 맺기는 하지만 피조물 중의 하나가 아니다. 하나님을 이런 식으로 생각하는 것은 우리가 본 것처럼 하나님은 인간의 모든 이해를 넘어서는 궁극적인 신비로 이해되어야 함을 뜻한다.

비록 하나님은 여기에서 한 인격으로 간주되지 않으며 또한 우리가 하나님이 있다(is)고 말할 수 있는 입장에 있지도 않지만, 하나님은 (창조성 3 안에서 또 그것을 통하여) 우리 모든 (모든 그리스도교적인 가치와 의미를 포함한) 인간 현실들, 가치들, 그리고 의미들의 궁극적 원천과 근거ultimate source and ground로 명확히 생각된다. 따라서 비록 하나님(창조성)이 신비로 남아 있지만, 우리가 어떻게 하나님과 연관되어 있는지에 대해 어떤 것을 말할 수는 있다. 우리는 하나님이 무엇인지 모르며 오직 우리가 그와 어떻게 연관되어 있는지만 알 뿐이라는 점은 마이모니데스Maimonides나

토마스 아퀴나스Thomas Aquinas 그리고 슐라이어마허Schleiermacher 같은 저명한 신학자들에 의해 확언된, 오랫동안 계속되어온 신학적 주장이다.(서론 V의 "부정신학"에 대한 논의를 보라). 또한 우리가 살펴본 것처럼 창조성이란 신비는 – 나는 이를 하나님으로 생각해야 한다고 시종일관 주장해왔다 – 그 자체로 무제한적이고 절대적이다. 이 점은 하나님에 대한 우리의 사고에서 (내가 이 책에서 자주 주장했듯이) 모든 신인동형론을 배제할 뿐 아니라 그보다 더욱 철저한 함의도 가지고 있다. 서구 전통에서 하나님에 대한 가장 기본적인 주장들, 가령 하나님은 "존재 그 자체being as such," 하나님은 필연적으로 존재한다, 혹은 하나님은 한 존재이며 많은 존재들이 아니다(유일신론)와 같은 주장들은 여기에서 의심스럽게 된다. 이 말은 이런 주장들이 틀렸다는 것이 아니라 우리가 그것들을 더 이상 수용할 수 없게 되었다는 말이다. 그것이 의미하는 것은 우리가 그들의 진리성 여부에 대해 제대로 된 답변을 할 입장에 있지 않다는 것이다. 이는 하나님(창조성)이 무엇인지is는 정녕 인간에 의해 알려지지 않기 때문이다. 그것은 우리의 인식 범위 밖에 있다. 이런 철저한 불가지론은 하나님(창조성)이 '발전하는' 것인가 아니면 '변화하는' 것인가, 하나님이 세 가지 (혹은 더 이상의) 창조성 아니면 세 가지 명확히 구별되는 맥락들 안에서 고려될 수 있는가 하는 질문들이 적절한가 하는 질문 자체를 무의미한 것으로 만드는 것 같다. 이런 철저성은 우리가 창조성이라는 궁극적인 신비를 신뢰하라는 말을 들을 때 그것은 정녕 요청되는, 중요한 신앙의 행위임을 의미한다. 이런 철저한 회의주의가 우리에게 요청하는 좌절은 사실상 파르메니데스까지 거슬러 올라가는, **존재**being는 모든 삶과 실재 그리고 사고 이면에 있는 절대적인 근거로 간주되어야 한다는 오랜 서구적 전통에 근거해 있다. 만일 우리가 많은 불교인들처럼 수니야타(sunyata, 공, 무)를 궁극적인 것으로 생각하도록 길러져 왔다면 삶이 이제 우리에게 요구하는 듯한 그런 철저한 신앙을 좀 더 편안하게 느낄 수도 있었을 것이다.[20]

하나님은 최소한 모세 시대부터 인간 도덕성의 원천이자 근거로 여겨져 왔으며, 그리스도인들에게 그 도덕성은 신적인 사랑(아가페)에서 요약적으로 나타났다.[21] 정녕 초기의 그리스도인들은 "하나님은 사랑이다"라고 단순하게 말하는 정도까지 이를 수 있었다(요일 4:8, 16). 그런데 이런 주장들이 창조성으로서의 하나님, 곧 그것을 통해 우리의 거대한 비인격적인 우주가 존재하게 되었을 뿐 아니라 이미 자리를 잡고 있는 다른 실재들에 대한 거대한 폭력, 즉 폭발하는 별들, 주변 모든 것을 삼켜 버리는 우주의 '블랙홀들,' 지구 위의 화산 폭발, 지진, 홍수 등 "이빨과 발톱이 피로 붉게 물든" 자연의 폭력을 통하여 새로운 실재들을 가져오는 창조성과 어떤 방식으로든 과연 잘 어울릴 수 있을까? 이런 폭력은 세계에 드러난 창조성과 깊이 연관되어 있고, 만일 그것이 어쨌든 도덕성을 보여준다 해도 그저 적나라한 힘의 도덕성일 뿐이라고 많은 사람들이 말할 것이다. 이런 종류의 창조성, 이런 종류의 폭력적 힘의 하나님은 기독교 신앙의 중심적인 모든 것과 정반대가 아닐까?

2장에서 제시한 것처럼 우리는 이런 결론을 이끌어낼 필요가 없다. 우리는 이 모든 것을 우리의 우주에서 생명의 창조를 낳았고 한참 뒤에 자의식적인 행위와 폭력과 비폭력 같은 문제들에 대해

---

20) 이런 생각과 연관되는 약간의 사변과 언급들에 대해서는 맺는말의 각주 13을 보라.
21) (많은 구절들이 있지만) 특별히 마가 12:28-34; 고전 13; 요일 4:7-21을 보라.

도덕적 판단을 할 수 있는 행위자를 만들어 내었던 놀라운 궤적의 창조적인 시작과 토대로 보아야 한다. 우리의 우주 속에서 일하고 있는 창조성(하나님)은 우리의 발전하는 역사 과정 중에 비폭력적일 뿐 아니라 사랑이기까지 한 도덕적 질서 속에 살아갈 가능성을 누리는 지점까지 우리들을 인도했다. 그로 인해 우리는 이런 질서를 가져오기 위해 의도적으로 선택할 수 있고(창조성 3), 비록 이런 꿈들을 현실화하기에 여전히 우리가 부족하지만 우리 자신과 우리 아이들이 비폭력적인 사랑의 방식으로 살고 행동하도록 훈련할 수 있게 되었다. 우리의 인간성이 창조되는 과정 속에서 우리가 사랑이라고 부르는 종류의 행위, 태도 그리고 행동이 발생했고(창조성 3), 우리 인간이 사는 우주의 한 공간에 아가페-사랑을 할 능력과 필요가 점차적으로 적어도 어떤 영역에서) 중요하게 되었고 또 칭송받기에 이르렀다. 따라서 창조성 3의 발생으로 인해 (특별히 창조성에 대한 우리 인간의 참여로 인해) 사랑과 돌봄의 태도와 행위들이 많은 다른 것들과 함께 삶에서 아주 가치 있는 특징이 되었다. 이곳 지구 위에서의 생명 진화와 생명의 역사적 발전이 이루어지는 동안 비폭력적인 아가페-사랑이 하나님(창조성 2와 창조성 3)과 새로 나타난 인류의 상호 작용에 의해 창조되었다. 이런 발전은 하나님과 우주적 질서의 많은 다른 영역들 사이의 상호 연관성 안에서 분명히 일어났던 것들과는 아주 다르며, 그것은 적어도 자신들을 그리스도인으로 생각하는 사람들의 판단으로는 아주 중요하다.[22]

---

[22] 이런 사고가 제공할 수 있는 오늘날의 기독교 평화주의의 신학적 근거에 대해서는 내가 쓴 논문 "하나님은 비폭력적인가?"(카우프만 2003)을 보라. 또한 이 책의 2장을 보라.

하나님(창조성)은 인류와 그 엄청나게 다양한 모든 공동체들을 존재하게 했고 인간 생명 안의 이 거대한 다원성을 계속해서 유지한다.23) 하나님에 대한 이런 이해는 아브라함 전통에서의 하나님 이해 – 이 전통은 과도한 폭력 및 철저히 비인간적인 지배 형태들과 전쟁들을 너무 쉽게 승인한다 – 가 가진 인간중심주의와 신인동형론을 완벽하게 극복한다. 그것은 우리 시대의 중심적인 종교적 도전인 오늘날의 거대한 생태적이며 다원주의적 논점들을 다루는 데 훨씬 더 적절한 이미지/개념을 제공한다.24) 그러나 또한 그

---

23) 하나님의 "지탱하는 활동"은 세 가지 양태 모두 속의 창조성의 종국적인 구조와 질서 잡는 결과들의 맥락에서 이해되어야 한다.

24) 이와 같은 하나님에게 헌신하고 또 그를 섬기는 것이 무엇을 의미하겠는가? (여기에 대해 Kaufman 1993a, 특히 24, 26, 20장. 또한 이 책의 2장을 보라). 1993. 창조성에 대한 이런 신학이 가진 특정한 윤리적 함의에 대해 마지막으로 언급해야 할 것 같다. 나의 선생님이었던 리처드 니버H. Richard Niebuhr는 우리 인간들은 언제나 하나님이 세상과 우리 삶 가운데서 행하시는 것에 대한 응답으로 살고 행동해야 함을 주장했다. "하나님의 방식들을 초자연이 아니라 자연적이고 역사적인 사건들 안에서 분별하며 모든 유한한 의도들 안에서, 그 것들을 통해서, 또 그 것들을 넘어서서 나타나는 그의 의도에 응답하는 것이야 말로 하나님의 방식에 책임적으로 반응하는 것이다. 그 것은 보편적인 응답이다. 왜냐하면 보편적인 의도, 곧 많은 것을 넘어서 있는 그 분the One의 의미가 나타나지 않는 현실성의 행동이란 없기 때문이다(Niebuhr 1963, 170). 이 말이 이 책의 기본적인 논제에 대해 가지는 적절성은 분명하다. 곧 우리는 우리자신을 발견하는 상황 속에 드러나는 창조성, 자연 질서 뿐 아니라 우리가 살고 있는 역사적 질서들 속에 드러나는 창조성에 언제나 응답하려고 해야 한다. 어떻게 사건과 행동으로 복잡한 이 세상 속에서 진정으로 "창조적인" 것을 찾을 수 있겠는가? 이것은 당연히 언제나 우리가 곧잘 실수 할 수 있는 판단에의 요청이다(이 점이 니버의 표현이 말하고자 하는 것이기도 하다). 그러나 한 편으로 우리의 증가하는 생태적 지식을 심각하게 고려하고 다른 한편으로 신약 성경의 그리스도의 이미지와 가르침들이 제공하는 안내를 받는다면 우리는 이 문제에 대해 발언할 수 있는 방식들을 주장할 수 있게 된다. 곧 지구라는 행성의 생태적 질서를 더 잘 지탱해주며 더 인도주의적이고 사랑이 있는 문명과 사회를 향해 가는 운동들이라면 우리는 거기에 대해 긍정적으로 응답하고 우리의 의도와 행동으로 지원해야 한다. 따라서 우리는 우리의 행동과 계획이 이러한 세계를 만들기 위해 일하고 있는 창조성과 함께 뒤섞이기를 희망할 수 있다. 물론 우리는 이런 창조성을 우리 자신이 헌신하고 있는 프로그램이나 기획들 안에서 뿐 아니라 우리들이 아주 비판하거나 심지어 경멸하는 행위이나 사건에서도 찾으려고 해야

자체에 내재한 새로운 신학적 문제들 역시 유발할 것이다.

어쩌면 어떤 사람들은 내가 제언하는 신학에서 하나님은 신비의 안개 속에 사실상 사라지고 하나님에 대한 참된 신앙 역시 없어져 버릴 것이라고 말할 것이다. 거기에 대해 나는 하나님에 대한 진정한 신앙은 하늘 아버지께서 돌보아주시기 때문에 만사가 결국은 잘될 것이라는 확신을 가지고 사는 것이 아니라고 응답하겠다. 진정한 신앙은 오히려 사물들의 궁극적인 신비를 인정하고 받아들이며, 이런 신비 앞에서 아브라함처럼 갈 바를 알지 못함에도 불구하고 앞으로 나아가는 것이다. 곧 참된 신앙은 우리의 궤적을 가져왔고 우리를 존재케 했으며 지금도 우리 주변에서 우리를 양육하는 생명의 그물망 안에서의 인간의 기획을 계속해서 유지하며 그 기획이 지구라는 행성 위에서 희망의 척도가 되게 하는 창조성을 신뢰하면서 창조적으로 앞으로 나아가는 것이다. 이제 우리는 우리가 사랑해야 하고 우리 자신과 우리 삶을 주어야 하는 대상은 단지 우리의 인간 이웃들과 원수들만이 아니라, 그 안에서 우리 자신을 발견하는 더 넓은 생명의 질서들이라는 점을 알고 있기에 이런 관점은 기독교 윤리의 철저성을 더 확장하며 따라서 기독교 신앙의 철저성을 더 확장하게 될 것이다.

태초에 창조성이 있었다. 그 창조성은 하나님과 함께 있었다. 그 창조성은 곧 하나님이었다. 만물이 이 창조성의 신비를 통하여 지음을 받았으니 창조성을 떠나서는 그 무엇도 존재할 수 없었다.

한다. 실상 우리의 의도에 낯선 사건과 운동 속에서 일하고 있는 예기치 못하게 찾아온 창조성에 우리 자신을 개방하는 만큼만 우리의 세계 속에 실제로 일하고 있는 창조성에 대한 더 깊은 통찰과 이해에 이르게 되며 따라서 그 창조성에 대해 창조적으로 응답할 수 있게 된다.

에필로그

나의 신학적 사고의 발전: 두 가지 주제

나는 종교인은 아니지만 모든 문제를 종교적 관점으로 볼 수밖에 없다. - 루드비히 비트겐슈타인[1]

이 맺는말에서 내 생애 전체를 지배해왔고 아주 이른 시기부터 나의 신학적 성찰의 발전 가운데 표현되어 온 두 가지 주요 주제에 대해 말하고자 한다. 곧 하나님 문제 - 하나님에 대한 우리의 모든 사고와 그 언어적 표현에 대한 의구심 - 와 나의 일생 동안의 관심사였던, 인간관계는 반드시 사랑과 돌봄과 책임 있는 태도 및 행동에 의해 관철되어야 한다는 생각이다. 이 두 가지 주제가 내 저술들 속에서 분명해질수록 오늘날 하나님에 대해 말하는 것의 문제적 특성을 더 명확히 말하면서 새로운 제언을 제시하려는 나의 시도들 역시 깊어졌다. 그뿐 아니라 하나님에 관한 사고를 깊

---

[1] 인용은 Malcolm, 1994. 내가 이 말을 나에게 적용시키며 의미하는 것은 (약간의 중요한 유사성이 있지만) 분명코 비트겐쉬타인이 의도했던 것과 상당히 다를 것이다. 내가 의미하는 바가 이 맺는말에서 분명해지기를 희망한다.

이 형성해 가는 가운데 우리 인간들이 마땅히 살아야 하는 삶의 방식에 대한 나의 도덕적 헌신과 확신 역시 더 깊어졌다.[2]

I

내가 언제부터 서구 종교 전통의 중심적 상징인 '신'의 이해 가능성과 현실적합성에 관한 질문을 나 자신의 문제로 삼게 되었는지에 대해서는 잘 기억나지 않는다. 그러나 그리스도인들과 다른 많은 사람들이 궁극적인 실재로 생각해야 한다고 여기는 - 그것은 나의 어린 시절의 가정과 공동체에서 강력하게 확언되었다 - 그 실재는 기억하는 가장 어린 순간부터 때로는 아주 강력했고 때로는 약했지만 어쨌든 항상 내 마음 속에 머물러 있었다. 내게는 1960년대의 "신 죽음의 신학" 운동이 이 질문을 날카롭게 제기하는 것으로 보였고 그 즈음부터 나는 이 문제를 명확하게 말해야 한다는 충동을 느껴왔다. 미국의 개신교계를 몇 십 년간 주도했고 나 역시 대학원에서의 나의 신학 수업의 적절한 토대로서 일정부분 받아들였던 소위 신정통주의 신학은 신이란 실재를 어떻게 이해해야 하는가 하는 주된 논점을 그저 요령껏 회피하는 것에 불과하다는 점이 1960년대 들어서면서 내게는 점점 분명해 졌다. 따라

---

[2] 나의 신학 작업의 배경에 대한 전반적인 글은 "Some Reflections on a Theological Pilgrimage"(Kaufman, 1994). 나의 메노나이트 배경이 나의 사고에 미친 영향에 대해서는 Kaufman, 1988과 "The Mennonite Roots of My Theological Perspective" (Kaufman 1966b)를 보라. 나의 신학의 특별한 주제들에 대한 짧은 글로는 "The Influence of Feminist Theory on my Theological Work"(Kaufman, 1991).

서 나는 신학이 어떻게 이루어져야 하는지를 밑바닥에서부터 다시 생각해야 할 필요가 있었다. 이로 인해 나는 신학방법론과 연관된 질문들에 대한 성찰을 시작했고, 그것은 아주 오랫동안 계속 되었다. 신학 작업에서 진행되고 있는 것은 무엇인가? 그것은 어떤 주제들을 다루고 있는가? 신학자들이 정당하게 할 수 있는 주장에는 어떤 것이 있는가? 신학자들이 사용할 수 있는 다른 방법과 절차가 있다면 어떤 것들인가? 이런 질문들을 던지는 가운데 내가 상상적인 구성imaginative construction이라고 부르는 신학의 개념에 마침내 이르게 되었고, 그 결과 나는 기독교 신학의 모든 과업들을 이 관점에서부터 완전히 새롭게 다시 생각하게 되었다. 이 개념의 주된 특징은 우리가 오늘날의 세계를 더 적절하게 이해하고 또한 인간의 실존에 더 적절한 하나님 개념을 구성하려고 한다면 서구의 하나님 이미지/개념을 형성하는 주된 근거가 되어 온 창조주, 주님, 아버지라는 전통적인 이미지들을 예기치 않게 찾아온 창조성serendipitous creativity이라는 은유로 대치해야 한다는 점이다.

나는 메노나이트 가정과 공동체에서 자랐고 이로 인해 나에게는 메노나이트의 확신처럼 어떻게 모든 인간관계를 – 우리가 '원수'로 여기는 사람들과의 관계도 포함하여 – 사랑의 관계로 만들 수 있는가 하는 점이 일생의 두 번째 주된 관심이 되었다. 나의 부모님은 5리를 가자 하면 10리를 가고, 오른뺨을 치면 왼뺨을 돌려 대라는 예수님의 말씀(마 5:39-41)을 특별히 강조하셨고 특히 어머니는 가정 안과 밖의 봉사와 활동을 통해 이 사실을 모범적으로 보여주셨다. 어머니를 아는 사람들은 모두 그녀를 깊이 사랑했다. 이런 확신은 또한 우리가 살았던 공동체 곧 나의 아버지가 오랫동안 학장으로 일하신 메노나이트 기관인 베델대학 캠퍼스에서 강력하게 강조되어 온 것이기도 했다. 내가 10대였던 1940년대에 미국은 2차 세계대전에 참전할 것을 준비하다가 결국 실제로 참전했다. 당시 내가 살던 곳에서 가까운 캔서스 주의 뉴턴, 특별히 뉴턴 고등학교에서는 애국주의적 열정이 강력하게 불었지만 메노나이트 공동체는 내가 반전과 평화주의라는 확신을 계속 유지하게 하는 성소가 되어 주었다. 어린 시절부터 나는 삶을 어떻게 살아야 하는지에 대한 이런 메노나이트적 강조가 기본적으로 옳다고 확신하고 있었다.3) 그뿐 아니라 인간을 생역사적 존재biohistorical beings로 보면서 기독교 윤리를 구성하려 한 나의 최근의 시도와 오늘날 우리가 새로운 방식으로 다루어야 하는 인간 실존의 엄청난 종교 및 문화적 다원주의 같은 심히 어려운 이슈들을 신학적으로 말해 보려는 나의 시도 이면에도 이런 메노나이트적인 확신들이 깔려 있다.

나는 1943년 10월에 양심적 병역 거부자로 징집되어 메노나이트 중앙 위원회가 운영하는 기관의 하나인 콜로라도 스프링스의 제5 민간인 공공 서비스 캠프로 보내졌고, 그때 나는 만 열여덟 살이 되기 네 달 전이었다. 그 뒤 미시건 주의 입실란티의 한 주립정신병원에 파견되었고 다시 미시지피 주의 걸포트로 파견되어 기본 생필품도 사지 못하는 가난한 사람들을 위한 실외 화장실을 짓는

---

3) 초기에 쓴 두 논문(과 몇 가지 글)에서 나는 이런 중심 되는 메노나이트 확신의 몇 가지 측면을 탐구했다. "Some Theological Emphases of the Early Swiss Anabaptists" (Kaufman 1951)과 "Nonresistance and Responsibility" (Kaufman 1958). 또한 The Context of Decision (Kaufman 1961). 이런 주제를 담고 있는 보다 최근의 글로는 "Jesus as Absolute Norm? Some Questions" (Kaufman, 1993b), "The Mennonite Roots of My Theological Perspective"(Kaufman, 1996b), 또한 "Mennonite Peace Theology in a Religiously Plural World" (Kauman, 1996c).

일을 하게 되었다. 콜로라도 스프링스에서 나는 (거의 이해하지 못하면서) 뒤에 여러 번 반복해서 읽은 칸트의 《순수 이성 비판》을 처음으로 대하게 되었으며 그 날 이후 이 책과 칸트의 다른 저작들은 철학과 신학적 논점들에 대한 나의 사고 전체에 깊은 영향을 미쳤다. 특히 칸트의 책 덕분에 나는 '하나님'이라는 상징이 인간 실존의 도덕적 측면들과 맺는 관계, 또 그 반대의 경우도 이해할 수 있게 되었다. 나는 또한 조금 덜 지적인 방식으로 종교적인 질문들을 탐구했으며, 그 몇 년 동안 신비주의와 신비가 몇 명의 저술들을 공부하기도 했다. 그러나 신비주의가 나의 관심을 끌기는 했지만, 그 것은 여전히 멀리 있었다. 나는 소위 종교경험에 있어서는 '음치'였던 것 같다. 다른 사람들이 자신들의 '신 경험'이나 '신 현존' 경험에 대해 말할 때, 혹은 '거룩함'이나 '성스러움'에 대한 심원한 경험을 토로할 때 나는 그들의 말을 전혀 이해할 수 없었다. 어쩌면 이 점이 신에 관한 질문이 내 일생 동안 그렇게 어렵고 힘든 것이 된 하나의 이유이었는지도 모른다. 그 때 이후 나는 하나님 경험에 관한 모든 언급들은 철학자들이 말하는 "범주 오류 category mistake"에 불과하며 따라서 진지하게 취급할 필요가 없다고 결론 내려왔다. (조금 뒤에 다룰 - 내가 시간을 두고 천천히 발전시켜온, '하나님' 상징은 인간의 상상적 구성이라는 이해를 보면 왜 그리고 어떻게 내가 이런 결론에 이르렀는지를 알게 될 것이다).[4]

    2차 세계대전이 끝나고 학사학위를 마치기 위해 베델대학으로 돌아갔을 때, 딱딱한 학문들에 대한 나의 이전의 관심은 약화되

---

4) 이 문제에 대한 더 분명하고 자세한 분석은 Kaufman, 1995, 2장과 3장을 참조하라.

었고 그 자리를 인간 삶의 의미와 그 적절한 위치에 대한 깊은 관심이 차지하게 되었으며, 나의 학문 작업은 점차로 사회과학과 철학에 집중되었다. 1947년 11월의 졸업 즈음에 나의 관심은 철학과의 박사과정에 들어가는 것이었다. 그러나 그렇게 하기 전에 나는 기독교 신앙에게 내가 심각하게 여길 수 있는 그 어떤 것을 말할 기회를 주기를 원했다. 그래서 나는 목회할 생각은 없었지만 예일대 신학부의 BD(교역자 기본 과정, 현재의 M.Div.과정)에 들어갔다.

이 프로그램을 시작하기 전 몇 달 동안 나는 노스웨스턴 대학에서 사회학 석사과정 공부를 했고 그 공부는 나에게 영속적인 영향을 미쳤다. 이 점에 대해 세 가지 중요한 발전을 말해야 하겠다. 우선 나는 조지 허버트 미드George Herbert Mead의 저술들을 알게 되었고 그의 사후 출판된 《정신, 자아 그리고 사회Mind, Self, and Society 1934년》를 아주 꼼꼼히 공부했다. 인간의 자기됨과 정신성은 언어의 진화로 인해 만들어져서 높은 수준까지 발달했으며 따라서 성격상 철저히 사회적이라는 그의 주장은 언어가 정신의 산물이며 언어능력은 우리 인간의 정신이 점점 복잡해지는 가운데 산출되었다는 통상적인 믿음을 완전히 뒤집어 놓았다. 이런 통찰로 인해 미드는 지구 위의 인간 정신의 발생에 대해 설득력 있는 진화론적인 설명을 할 수 있었고 그 의미하는 바에 있어서 종교와 도덕 및 인간의 영성을 진화론적으로 설명할 수 있게 했다. 나는 이런 사상에 깊이 매료되고 설득되었다. 이로 인해 진화이론에 대한 나의 관심은 확장되고 깊어졌으며, 모든 인간적인 것에 대한 자연주의적인 이해를 발전시키게 되었다.

두 번째로, 노스웨스턴에 있던 몇 달 동안 나는 포이에르바하Ludwig Feuerbach가 19세기 중반에 쓴 《기독교의 본질The Essence of Christianity》(1841, 1957)을 알게 되었다. 이 책에서 포이에르바하는 이전에 신학으로 간주된 것은 사실상 변형된 인간학(인간에 대한 연구)이라고 주장했다. 포이에르바하는 기독교 신앙의 주요한 모든 교리들은 신론을 포함하여 인간의 특성과 특질들을 존재하지 않는 외부의 우주적 실재에 무의식적으로 투사한 표현들로 이해할 수 있으며, 따라서 신학적 주장 역시 자연주의적으로 이해될 수 있음을 보여주었다.

세 번째로 노스웨스턴 대학의 여름 학기 때 나는 사회학, 심리학, 그리고 인류학의 학과장 교수들이 공동으로 인도하는 특별한 졸업 세미나에 참여할 수 있었다. 거기에서 우리는 흥미진진한 학제간inter-disciplinary 문제들을 다루었고, 나는 당시 나를 비롯한 세미나에 참석한 모든 사람들이 당연하게 여긴 심리학적, 사회학적, 그리고 문화적인 상대주의에 대한 질문들을 다루는 과제물을 제출했다. 이 문제에 대한 나의 관심은 아마도 양심적 병역 거부자로서의 경험, 곧 내가 속해 있는 메노나이트의 "인지적 소수자 그룹"과 훨씬 더 많은 다수의 미국 그리스도인들이 사람을 죽이는 전쟁에 참여하는 문제의 옳고 그름에 대해 왜 그렇게 완전히 다른 관점을 갖고 있는지에 대해 깊이 생각하면서 시작되었던 것 같다. 이런 질문들은 입실란티 주립 병원에서 자신들이 나와 내 주변의 대부분의 사람들이 당연하게 여기는 세상과 완전히 다른 세상에 살고 있다고 생각하는 망상증 환자들을 만남으로 인해 더 깊어졌다. 현실과 진리 그리고 옳음에 대한 가장 기본적인 판단들이 이렇게 철저히 다를 수 있음을 어떻게 이해해야 하는가? 모든 사람들은 탈출구가 없는 그 자신만의 사적인 망상의 세계에서 살고 있는 것인가? 인간의 모든 판단들은 그들을 만들어온 심리적, 사회적 그리고 문화적 맥락에 따라 상대적인 것인가? 그러나 이런 결론은 그 무엇에 대해서도 진실로 타당한 판단들을 내리기 어렵게 만드는 것 아닌가?

이런 내용들이 내가 그 세미나에서 제시한 논점들이었으며 나는 그 글을 우리가 심리적, 사회적, 문화적 상대주의라는 개념을 심각하게 받아들인다면, 이 개념 자체 곧 그 세미나에 참석한 모든 사람이 당연한 것으로 받아들이는 개념 자체 역시 의문스러운 것 아닌가 하는 마지막 질문을 던짐으로써 마감했다. 그러나 이 문제의 중요성에 대해 동의한 사람은 아무도 없었으며, 이로 인해 나는 정말 놀랐고 실망이 되었다. 나는 단지 그 세미나에서 우리들은 혼란스러운 철학적 질문들이나 이론들이 아니라 심리적, 사회적, 문화적 사실들을 다루고 있을 뿐이며 내가 이런 모호하고 아마도 해결할 수 없는 문제들을 탐구하고 싶으면 나는 대학의 다른 분야로 가야 한다는 말 뿐이었다. 결국 그 해 여름의 끝에 노스웨스턴 대학에서 사회학으로 문학석사MA 학위를 받을 즈음 내가 가장 흥미를 가지고 있는 질문들을 다루려면 다른 '학문 분야'로 가야 한다는 것이 분명해졌다. 나는 신학대학으로 나의 관심사와 문제들을 가지고 갈 준비가 되었다.

II

나는 스물세 살이 되던 1948년에 예일대학 신학부에 입학했다. 당시의 예일대학 신학부는 신정통주의 신학이 주도하는 가운데 강한 사회윤리적 요소도 함께 있어서 내가 관심 갖고 있던 두 가지 주된 사상을 탐구하기에 아주 좋은 곳이었다. 당시 리처드 니버H. Richard Niebuhr 교수는 기독교 신앙 및 그 신적 계시에 대한 주장을 역사적 상대주의를 포함한 인간의 역사성이란 개념과 조화시키는 길을 모색하고 있었다.5) 그 가운데 그는 미드G. H. Mead의 인간의 자아성과 정신에 대한 사회학 이론을 가져와서 확장시켰고 그의 세미나와 강의에서 포이에르바하 같은 인물들을 택하여 그들이 어떻게 인간의 삶과 기독교 신앙을 사회역사적 개념으로 이해하려는 그의 관점에 부합하며 더 나아가 그것에 중요한 공헌을 할 수 있는지를 보여주었으며 이 모든 것은 나에게 아주 매력적이었다.

니버는 모든 인간은 그들이 태어나 점차로 책임적인 존재들로 살게 되는, 역사적이며 공동체적인 컨텍스트에 의해 주로 형성되는 것으로 이해해야 한다고 주장했다. 이는 사람들은 그들의 삶의 대부분을 필연적으로 이러한 공동체에 의해 형성된 가치와 의미에 따라 살게 되기 때문이다. 그의 이런 사상은 나 자신의 경험과 자기이해를 잘 설명해 주었다. 곧 그것은 메노나이트 공동체의 의미와 가치를 진지하게 여기는 것의 중요성을 강조하는 메노나이트의 분위기에 부합했을 뿐 아니라 아주 다른 공동체적 가치와 의미 속에서 자라나고 배워온 사람들이 우리 메노나이트 교인들과 왜 그렇게도 결정적으로 다른지를 이해하는 데 도움을 주었다. 더 나아가 나는 이런 이해로 인하여 하나님을 극히 문제가 되고 확실하지 않은 신비적인 어떤 것, 즉 신앙이 생기기 전에 이미 그 실재와 중요성이 설정되어야 하는 존재라기보다 기독교 신앙과 삶을 지향하

---

5) 리처드 니버 교수의 책 《계시의 의미 *The Meaning of Revelation*》(1941)가 내게 특별히 도움이 되었다.

는 중심적 의미와 가치로 볼 수 있게 되었다. 곧 '하나님'을 인생과 세계를 보는 기독교적 이해 방식 속의 주된 핵심적 상징으로 보게 된 것이다.

따라서 하나님에 관한 질문은 이제 한 사람이 그리스도인의 삶을 살기를 원하느냐의 여부에 따라 말해져야지 어떤 추상적인 진리 이해의 관점에서 말해져서는 안 되었다. 이런 방식으로 나의 일생 동안의 두 가지 주제들은 한 데 모여졌고 서로를 강화시키기 시작했다. 삶이 기독교적인 관점에서 규정될 때는 그 방향성은 하나님과의 연관성에서 결정된다. 여기에서 타당한 논점은 이미 설정되어 있는 자율적인 인식론적 규범들이 아니라 그것이 인간으로서 도덕적으로 마땅히 해야 하는 것이냐 하는 점이다. 한 사람의 삶의 방향을 설정하고 형성하는 의미와 가치, 상징과 예전을 포함하는 도덕적 입장이 하나님 신앙의 기본적인 토대가 되는 것이다 (이 점에서 니버는 분명 칸트의 강력한 영향 아래 있었고 나 역시 점차로 그렇게 되었다). 메노나이트적인 기독교 윤리의 타당성에 대한 나의 철저한 확신은 때로 예일대 신학부의 니버와 리스톤 포프Liston Pope 및 다른 사람들의 칼뱅주의적인 사회윤리에 의해 위협을 받기는 했다. 그러나 그 확신은 사라지지 않았고 오히려 이들과의 만남을 통해 더 세련되게 되었다. 실상 (학생들 중에는 평화주의자가 거의 없었지만 그래도 그 소수의 평화주의자들과의 대화를 통하여) 나의 확신은 더 깊어졌다.

그러는 동안 나는 박사학위를 원래 계획과 달리 철학부 아닌 신학부에서 할 것을 고려하게 되었다. 좀 더 알아보니 예일대학의 철학부 박사과정으로 들어간다면 내가 원하는 만큼의 신학공부는 할 수 없을 것이었다. 그러나 신학부에서 철학적 신학 과정을 택한다면 원하는 만큼 철학 과목을 택할 수 있다는 것을 알게 되었고, 이 때문에 나는 신학부에 머물기로 결정했다(나는 이미 학부과정에서 철학과목을 여러 개 들었고 신학부 박사과정에 들어가서도 그렇게 했다). 신학과 윤리의 상호 연관성에 대한 확신이 더욱 커져서 나는 1953년, 예일을 떠나 캘리포니아 주 클레어몬트에 있는 포모나 대학Pomona College의 종교학부에서 가르치게 되면서 메노나이트 교단 목사 안수를 받기로 했다. 비록 교회를 섬기는 목회자가 되려고 하지는 않았으나 메노나이트와의 연관성과 그런 태도가 나에게 중요했기에 나는 기독교 신앙과 삶에 대한 메노나이트적 이해에 대한 권위 있는 해석자로서 말하고 글쓰기를 원했다. 나는 베델대학교 안에 있던 나의 고향 교회에서 안수를 받았다.

포모나 대학에서 내가 가르쳐야 하는 것은 성경에 관한 두 개의 큰 개론 과정으로 하나는 구약, 하나는 신약이었다. 나는 종교철학과 윤리에 관한 과목도 가르쳤다. 그러나 본래적인 신학 과목은 나의 부서의 학과장 교수의 몫이었고, 나뿐 아니라 다른 교수들 역시 그런 과목을 요청하는 것은 무례한 것으로 여겨지고 있었다. 그 당시 나는 점차 칼 바르트의 저술들에 흥미를 갖게 되었다. 특히 그의 로마서 강해는 나 자신의 신앙의 상태를 놀랍게 환히 밝은 빛 아래 드러내는 것 같았다. 바르트는 신앙에 대한 고도의 변증법적인 개념을 제시하고 있었다. 우리 인간은 하나님과 연관해서는, 바울, 어거스틴, 루터 등을 따라 신앙을 하나님이 주신 선물로 보아야 한다. 인간들은 아무리 신실하고 또 끊임없이 노력한다 해도 자신들의 노력만으로는 결코 신앙의 상태에 도달할 수 없다. 오히려 하나님을 믿으려고 하고 그런 노력이 앞길을 보장한다고 믿을수록 우리는 진실한 신앙으로부터 멀어진다. 반면에 역설적으로 우리의 불신앙과 의심, 우리의 불순종을 더 많이 깨닫고 하나님으로부터 분리와 죄 됨을 기꺼이 인정한다면 우리는 믿음으로 하나님 앞에 실제로 서게 된다. 그렇다면 지난 여러 해 동안 지녀왔던 내 속에서 깊이 문제를 일으킨 의심과 불신앙은 사실상 하나님에 대한 믿음의 표시들일 수 있지 않을까? 아주 혼란스럽고 역설적이지만, 그것이 바르트의 고도로 변증법적이고 수사학적으로 강력한 분석으로부터 내가 이끌어내어야 하는 결론으로 보였다. 사실상 이 점이야말로 은혜에 의한 믿음을 통한 칭의라는 개신교 교리가 의미하는 바였다. H. R. 니버와 칼 바르트만이 아니라 "의심에 의한 칭의justification by *doubt*"라는 개념을 실제로 발전시켰던 폴 틸리히의 도움으로 (틸리히는 내가 박사학위 논문에서 다루었다) 나는 생산적이며 풍성하게 살 수 있는 신학적 입장으로 가는 길을 발견하고 있었다.

이런 변증적 접근법으로 인해 나는 상대주의의 문제에 대한 생각을 더 발전시킬 수 있었다. 곧 그것으로 인해 나는 인간 삶의 상대성들과 인간의 진리 추구에 대해 신학적으로 철저히 현세적이고 따라서 자연주의적이고 역사주의적인 이해를 완전히 자유롭게 시도하게 되었다. 나의 박사학위 논문은 "상대주의의 문제와 형이상학의 가능성"("The Problem of Relativism and the Possibility of Metaphysics" Kaufman 1955)이었다. 이 논문에서 나는 폴 틸리히와 콜링우드R. G. Collingwood, 그리고 딜타이Wilhelm Dilthey의 저술을 중심으로 상대주의와 역사주의에 관한 문헌들을 자세히 연구했고, 이 문제에 대한 나 자신의 관점을 발전시켰다. 이 논문에서 나는 인간의 삶과 지식은 **현재의** 살아 있는 실존적인 요청들에 적극적으로 반응하는 가운데 형성되며 이런 현재는 특정한 역사적 과거에 의해 견고히 형성되면서도 비교적 개방되어 있는, 알 수 없는 미래에 대한 예상 속에서 피치 못하게 앞으로 나아가는 것으로 이해되어야 한다고 주장했다. 그래서 미래를 향한 우리의 운동 가운데서 맞닥뜨리는 문제들을 해결하려고 할 때, 결코 현재의 상대성들을 결코 피하지 못하면서 우리가 할 수 있는 최선으로 우리 자신을 발견하는 현재 안에서 살고 일하고 생각한다고 했다. 나의 박사학위 논문은 1955년 봄에 완성되었고 1960년에는 《상대주의, 지식, 신앙Relativism, Knowledge, Faith》이라는 제목으로 수정판이 출판되었다. 이 책이 나의 첫 번째 책으로서 그 안에는 인식론적, 인간학적, 그리고 신학적 논점들에 대한 나의 그 이후의 생각들이 씨앗처럼 들어 있다.

나는 1958년에 포모나 대학을 떠나 밴더빌트 신학부의 부교수가 되었다. 밴더빌트에서 나는 처음으로 조직신학에 관한 일 년 단위의 강의들을 개설해야 했다. 그곳에서 나는 창조, 타락, 죄에 관한 개념들과 삼위일체론과 그리스도론, 악과 종말론, 기독교 윤리와 도덕적 삶, 신학방법론 등을 가르치고 연구했다. 그러는 가운데 나는 기독교 신학은 기본적으로 인간의 상상적 구성물로 이해되어야 한다는 점을 발견하기 시작했다! 1959년에 나는 베델대학의 메노 시몬스 강좌the Menno Simons Lectures의 강사로 초대 받았고 그 기회를 이용하여 내가 발전시키고 있던 전체적인 신학적 입장을 다섯 개 강좌의 형태로 개괄적으로 발표했다. 그 강좌에서 나는 신학은 인간 삶의 도덕적 필연성에 기반을 두고 전개되어야 함을 말했다. 곧 하나님, 그리스도, 인간, 그리고 세계에 대한 기독교의 주된 주장들은 인간 실존과 그 맥락에 대한 일종의 서술로 이해되어야 하며, 우리 인간의 도덕적인 책임적 응답성과 의사결정을 이해

가능한 것으로 만드는 것이어야 함을 말했다. 이 강좌들의 내용은 수정되고 다소 확장되어 《결단의 맥락The Context of Decision》(1961)이란 작은 책의 기초가 되었다.

내가 밴더빌트에서 시도했던 조직신학은 성격상 철저히 역사주의적인 것이었다. 니버H. R. Niebuhr를 따라 나는 우리 인간들은 언제나 우리가 전해 받은 상징체계로부터 살고 있으며 따라서 그리스도인들은 그들의 신앙과 삶, 사고를 형성시켜온 중심적인 상징들에 관심을 갖고 소중히 여기는 것을 변명할 필요도 없고 구태여 정당화할 필요도 없음을 주장했다. (그러나 나는 이런 가정에 대해 곧 의심을 품게 되었다). 그 당시의 나는 기독교의 하나님 언급이 가진 문제 있는 차원들을 그저 다음과 같이 고백적으로 말하는 정도로 다루었다. '이것이 우리 그리스도인들이 살고 일하는 세계상이다. 이것이 우리가 우리 삶과 사고를 조직하는 방식이다. 물론 우리는 사람들이 자신들의 삶의 방향을 설정하는 다른 많은 상징적인 그림들이 있음을 알고 있다. 그러나 어쨌든 이것은 우리의 것이다.' 2차 세계대전 때의 양심적 병역 거부자로서의 경험으로 인해 비록 우리가 살고 생각하는 방식을 옳고 진실한 것으로 간주한다 해도, 세상에는 삶을 정돈하는 아주 다른 방식들이 있으며 우리의 이웃들을 그리스도인이든 아니든 우리 자신들과 똑같이 사랑하고자 한다면 비록 그들의 삶의 방식들이 여러 가지 점에서 완전히 틀렸다고 우리가 믿는다 해도 우리는 그런 방식들과 기꺼이 함께 살아가려고 해야 함을 알게 되었다.

여기에서 나는 인간이 어떻게 살아야 하는가에 대한 도덕적 관심으로 인해 절대적이며 결코 타협할 수 없는 것으로 종종 여겨지는, 인간의 진리 주장에 대한 이전의 나의 생각에서 벗어나 그것을 재형성하기 시작했다. 당시 내가 지향하고 있었던 것은 일종의 기독교 **다원주의**pluralism였다. (당시는 다원주의란 단어가 아직 사용되고 있지 않았다). 어쨌든 이런 관점이 종교 및 문화적 다원주의 전반의 문제들을 성찰하는 모델이었고, 그것으로 나는 여러 종교 전통들이 강조하는 다양한 진리 주장들로 야기된 난관들을 넘어설 수 있는 다원주의적 혹은 대화적 진리라는 개념을 발전시키고자 했다.6) 그러나 이 모든 것이 당시에는 그렇게 명료한 것은 아니었다. 나에게는 (기본적으로 여전히 메노나이트적인) 나의 윤리적 확신이 다른 것들보다 더 중요하고 더 분명했으며, 이 말은 곧 내가 그리스도인들뿐 아니라 더 넓은 세계의 인간의 다양한 신앙 상태들을 관용적으로 대해야 함을 의미하는 어떤 관점을 이미 가지고 있었음을 뜻한다. 그 어떤 진리 주장들(거기에는 언제나 의심들과 문제들이 있고 확실성이란 없다)보다 인간적으로 훨씬 중요하며 근본적인 것은 우리 자신을 발견하는 이 세계 안에서 어떻게 사이좋게 함께 살 수 있느냐 하는 도덕적 질문이다. 나는 밴더빌트에서의 신학 강의, 메노 시몬스 강좌들, 그리고 메노나이트와 연관된 출판물에 쓴 몇 개의 글을 통해 이런 논점들에 대한 나의 가장 초기의 생각들을 계속 표현했다.

내가 마침내 1968년에 《조직신학: 한 역사주의자의 관점 *Systematic Theology: A Historicist View*》을 출판했을 때, 나는 이 모든 문제들과 그 밖에 많은 부분들을 한 데 모아 2천 년이란 긴 세월 동안 전해졌고 오늘날도 의미 있는, 기독교적인 주된 주장들과

---

6) 종교적인 진리 주장을 이런 식으로 생각하는 데 대한 개괄적인 설명은 나의 최근의 책 *God-Mystery-Diversity, Christian Theology in a Pluralistic World* (Kaufman 1996 a) 12장과 13장을 보라. 이런 방향을 향한 최초의 발걸음은 1958년도에 쓴 "Non-Resistance and Responsibility"(Kaufman 1958)을 보라.

개념들의 모습으로 체계적으로 서술했다. 나는 그 당시의 강의에서 조직신학이란 다름 아닌 우리가 전해 받은 기독교의 상징체계를 그 가장 섬세한 부분까지 현대적이며 종합적이고 새롭게 재해석하는 것으로 이해했다. 비록 내가 취했던 이런 관점은 본질상 예일대 신학부에서 배웠던 신정통주의의 고백적 입장이었으나, 거기에는 뒤에 나타날 어떤 것의 전조도 들어 있었다. 예를 들면 다음과 같다. 이 책의 서문에서 이 책은 단순히 전통에 대한 새로운 해석이 아니라 "신학적 상상력의 결과"로 특징된다고 했고, 이런 생각은 뒤에 신학적 방법론에 대한 완전히 만개한 수정주의자의 개념revisionist conception으로 발전되었다. 또한 이 책의 28장에서 예수의 부활을 다루었는데 여기에서는 이 민감한 논점들에 대해 그저 변죽만 올리는 많은 신학자들의 경향과 달리 예수의 소위 부활에 대한 철저한 논의를 한 다음, 역사적 예수가 그의 십자가 처형 후에 다시 살았다는 생각은 오늘날 받아들이기 어렵다고 결론지었으며, 더 나아가 기독교인의 희망은 우리 죽을 자들이 죽음 이후에 생명을 갖는 것으로 이해해서는 안 된다고 주장했다(464-471). 19장에서는 "세계의 역사"에 대한 신학적 요약을 담았는데 여기에서 나는 우주와 인간의 발전을 당시의 천체물리학과 생물학 그리고 역사적 사고를 도입하여 (당시 이해되던) 우주의 기원으로부터 현재까지 다루었는데, 그 내용은 바로 이 책에서 다루고 있는 내용을 분명히 예기하고 있다. 그러나 전체적으로 볼 때 이 책은 내가 니버와 칼 바르트로부터 가져왔던 고백적 용어로 서술되었다.

그러나 신학에 대한 이런 접근방법은, 비록 그것이 어떤 점에서는 나의 지적 활동을 이끌어 왔던 두 가지 기본 주제들을 조화시켰으나, 점차 나에게는 불만족스러운 것이 되었다. 그 한 이유는 내가 바르트의 신앙에 대한 고도의 변증법적 해석 덕분에 나의 의심과 불신을 잠시 동안 억제할 수 있었지만 시간이 지남에 따라 그것이 인위적이라고 느끼게 되었다는 점이다. 다른 이유는 나 역시 참여했던 1960년대 초반의 신의 죽음 논의의 영향으로 인해 신정통주의의 고백주의로부터 서서히 떠나게 되었다는 점이다. 밴더빌트에서의 마지막 몇 년과 (내가 1963년에 옮겨온) 하버드대학 신학부에서의 첫 몇 년 동안 나는 하나님은 기독교 신학이 서술해야 하는 중심 주제일 뿐 아니라 또한 주된 문제꺼리임을 더 많이 인식하게 되었고, 내가 따라왔던 고백적 접근은 사실상 우리의 하나님에 대한 이야기가 가진 문제점들을 무시하는 것에 불과하다는 생각을 하게 되었다.

III

나는 내가 분별하기 시작한 논점들을 몇 개의 논문으로 발표했으며 그 중의 일부는 나의 《조직신학》이 인쇄되기 전에 발표되었다. 우리 가족이 옥스퍼드대학에서 가진 두 번째 연구년(1969-1970) 동안 (첫 번째 연구년은 1961-62년 독일의 튀빙겐에서 가졌다) 내가 이제 완전히 다른 관점으로 옮겨가고 있음이 점점 분명해졌다. 나의 새로운 사고방식은 특히 "상징으로서의 하나님God as Symbol"이라는 강의를 통해 드러났다. 나는 이 글을 영국에서 썼고 거기에서 몇 차례 발표를 했으며, 그 내용을 확장하여 1972년에 출판된 나의 다음 책 《하나님 문제God the Problem》의 5장에 실었다. 이 책에서 나는 우리가 삶을 주로 어떤 근본적인 상징들을 중심으로 질서를 잡는다고 주장하면서, 신학의 과제는 이런 상징들과 상징 체계들을 검토하고 분석하고 평가하는 것이라고 했다. 또한 이런 중심적 상징들에 대한 유일한 가능한 테스트는 그것이 얼마나 실제적인 것이냐 하는 점이 되어야 한다고 했다.

하나님에 대한 어떤 이해가 "진리"인지의 여부는 보통의 합리적 혹은 철학적 논증으로는 결코 알 수 없다. 그것은 원리상 불가능하다. 진리에 대해 유일하게 의미 있는 질문은… 신앙이 요구하는 삶과 세계의 질서가 우리가 경험하고 있는 세계와 인간 본성에 부합하는가, 아니면 우리 상황을 왜곡하고 인간의 삶을 훼손하며 궁극적으로 파괴하는가 하는 점이다. 기존의 것과 다른 근본적인 패러다임 혹은 "근원적인 은유root metaphor"가 세계를 제대로 이해하게 함으로 인간의 삶을 향상시키고 깊게 하는데 적절한가, 아니면 그 정반대인가, 아니면 유신론적인 이미지와 형태들이 이런 기능을 수행하는 데 가장 효율적인가?(99).

위의 구절에서 신학의 진리 주장들을 평가하는 주된 기준이 실용주의적pragmatic 기준, 곧 '하나님'이라는 상징이 우리를 세계 안에서 잘 살도록 하는가 하는 점이라는 데 주목하기 바란다. 이런 강의를 하고 이런 글을 쓰는 동안 내가 신학의 과업을 아주 다르게 생각하고 있음이 점점 분명하게 되었다. 곧 나는 점점 더 신학을 인간 삶에 방향을 설정하는 세계에 대한 그림을 만들어내는 인간의 상상적인 구성물human imaginative construction로 이해하게 되었다.7) 신학이 그리는 그림은 신정통주의나 많은 다른 신학적 전통들이 주장하듯이 신적인 계시에 근거해 있다는 점에서 다른 유사한 구성물들과 구별되지 않고 오직 그 세계 이해의 모든 측면들이 하나님이라는 주된 상징을 중심으로 집중되어 있다는 점에서만 구별될 뿐이다. 신적 계시라는 주장들은 하나님에 대해 우리가 말하는 것의 한 부분에 불과하며 '하나님'이란 상징이 의미하는 것에서 부수적으로 파생되어 나온 것이다. 곧 계시 개념 자체가 이미 '하나님'이라는 상징을 전제하고 또한 사용하고 있기에, 계시에 근거해서 이 단어를 사용하는 것은 정당화 될 수 없다. 이 말은 곧 신학자들이 새로운 질문들을 설정할 필요가 있음을 뜻한다. 예를 들면 이런 질문들이다. 왜 그리고 어떻게 어떤 사람들이 이런 특정한 상징(하나님)을 그들의 세계를 이해하는 데 사용했는가? 어떤 요인들로 인하여 인간의 상상력이 이런 상징을 만들어 내었는가? 그것은 어떻게 인간의 정신에 머무르게 되었는가? 기도와 예배인가? 묵상인가? 일상의 삶에서인가, 아니면 신학적 성찰 가운데서인가? 그것은 사람들에게 어떤 독특한 기능을 하는가? 이런 상징으로 인해 인간의 삶과 행복에 어떤 뚜렷한 위험들이 있다면 어떤 것인가? 우리가 옥스퍼드에 머무는 마지막 며칠 동안 나는 주로 나를 위해서 '**구성으로서의 신학**Theology as Construction'이라는 제목의 글 한 편을 급하게 썼다. 이 글에서 나는 이제 내가 갖게 된 신학에 대한 이해를 포괄적으로 그려보려고 했다. 이 글은 내가 다음에 쓴 작은 책인 《신학방법론*An Essay on Theological Method* 》(1975, 1995)의 중심적인 장의 초고가 되었다.[8]

---

7) 상상적인 구성imaginative construction이란 구절은 아마도 콜링우드R. G. Collingwood를 다룬 나의 박사학위 논문에서 나왔을 것이다. 콜링우드는 역사가가 사료들을 통합하여 일관성 있는 역사적 추론을 해내는 행위를 가리키는 것으로 이 말을 사용했다. 여기에 대해 *The Idea of History* (Collingwood 1946, 241-49). 나는 이 용어를 나의 박사학위 논문과 그것에 기초를 두고 있는 나의 첫 번째 책에서 빈번히 사용했다(Kaufman 1960). 특히 pp. 44 이하, 93, 102.

여기에서 나는 신학을 철저히 인간의 작업이며 포이에르바하가 주장했듯이 상상력에 의한 구성적 활동으로 이해했다. 우리가 이 작업을 의식적이며 의도적으로 하고자 한다면 우리의 구성적 활동이 따라가야 하는 길은 무엇인가? 우리는 우리 자신을 위해 어떤 목적들을 설정해야 하는가? 어떤 기준으로 우리가 한 일을 평가해야 하는가? 이런 상상적인 구성 작업을 가장 효율적으로 할 수 있는 방법은 무엇인가? 이런 이해가 직접적으로 함의하고 있는 것은 신학이 더 이상 해석학적 과업 곧 성경과 전통을 통해 제시된 하나님의 계시를 새로운 시대를 위해 해석하는 것이 아니라는 점이다. 그래서 방법론적 문제들이 이제 나의 신학 작업에서 우선순위를 가지게 되었다. 《신학방법론》은 이런 이슈들을 활자화한 첫 번째 시도였고, 그 최종판(1995)은 그것들에 대한 나의 가장 명확하고 간결한 선언을 담고 있다. (이 내용을 가장 최근에 짧게 개정해 재출판한 것이 《신학: 비판적, 구성적, 상황적 작업*Theology: Critical, Constructive, and Contextualized*》 (1996a, 2장)이다.

나는 여기서 《신학방법론》에 실린 논증을 요약하지 않고 다만 그 내용을 간략하게 지적만 하겠다. 1장은 내가 제시한 것처럼 하나님이야말로 신학을 다른 지적인 작업들과 구별되게 하는 중심 주제임을 주장한다. 여기에서 나는 '하나님'이란 단어가 영어권에서 사용되고 있는 방식과 이 단어가 가진 약간의 특수성 및 용례를 간략히 제시했다(여기엔 비트겐슈타인과 '일상언어ordinary language' 철학자들의 영향이 현저하게 나타난다). 두 번째 장에서는 하나님에 대한 모든 언급과 사고는 그것이 우리의 기도, 예배,

---

8) 이 책과 그 제목은 일정 부분 콜링우드(R. G. Collingwood)의 *An Essay on Philosophical Method* (1933)의 영향을 받았다.

우리의 성찰 같은 가장 단순하고 가장 투박한 형태의 것이라 해도 인간의 상상력에 의해 구성된 활동이며, 이런 상상력 없이는 애초에 불가능한 것이었음을 주장한다. 따라서 제대로 된 신학의 과제는 이처럼 상상력에 의해 이루어진 과거의 작업들의 효율성과 가치를 판단하는 기준들을 발전시키는 것이며 또한 이런 구성 작업을 수행하려는 시도들을 제대로 평가할 수 있는 준거들을 제시하는 데 있다. 세 번째 장은 모든 적절한 신학적 사고에는 세 가지 필수적 구성 요소들이 있음을 주장하는 것으로 결론을 맺는다. 그 첫 번째는 "(우리 인간의) 경험이 이루어지는 전반적인 컨텍스트 곧 세계라는 개념을 분명히 발전시키는 것"이다. 두 번째는 "세계 및 인간을 포함한 세계에 있는 모든 것을 상대화하고 제한하는 실재, 곧 하나님 개념"을 구성하는 것이다(59쪽). 셋째는 "세계의 궁극적인 근거와 한계로 생각되는 하나님"과 지적으로 잘 들어맞도록 세계 개념을 구성하는 것이다. 다시 말해 이 세 번째는 이 (두) 개념들 각각이 다른 하나와 잘 연관되어 하나님에 대한 실행 가능한 개념과 함께 "세계에 대한 유신론적 해석 내지 이해... 가 발전되도록" 하는 것이다(71쪽). 여기에서 나는 이런 과업들이 조심스럽게 이루어질 때만 신학 작업을 제대로 한 것이라고 주장하였다. 이런 방법론적인 자세가 이후의 나의 신학 작업 전체를 주도했다.9) (여기에서 언급한 "적절한 신학적 사고의 세 가지 필수불가결한 요소들"은 지금 이 책이 주장하는 중심적 내용이기도 하다).

이 《신학방법론》은 물론 방법론적인 스케치에 불과하다. 그

---

9) 이런 입장은 내가 출판했던 구성신학(Kaufman 1993a)에서 수정될 필요가 있었으며 그 내용은 《신학방법론 *An Essay on Theological Method* 1995》의 3판에서 다루어졌다.

것은 내가 나의 아내 도로시와 막내 아이와 함께 인도의 뱅갈로로 떠나기 1년 전에 출판되었다. 당시 나는 뱅갈로의 연합신학교the United Theological College에서 두 학기 동안 가르칠 예정이었고, 그것은 나의 사상의 일부를 비서구권 상황에서 검증해 볼 좋은 기회였다. 그 해는 우리 가족 모두에게 중요한 시기로서 우리가 당연하게 여겨왔던 서구문화와 생활방식을 거리를 두고 볼 수 있는 기회였다. 결국 나는 《신학방법론》이 제시하는 것이 모두 서구의 신학적, 철학적 개념, 방법. 언어, 전통의 용어로 표현되어 있으며 결코 보편성을 가진다고 주장할 수 없음을 알게 되었다. 그러나 이 사실을 빨리 알게 되면서 나는 인도 학생들이 초기 선교사들과 그들의 제자들에 의해 전수되었고 보편적인 기준으로 여겨진 유럽과 미국 신학의 굳어버린 명제들을 반복하기보다 그들 자신의 종교적, 문화적 컨텍스트에 적합한 신학을 자유롭게 전개할 수 있게 되는 것을 만족스러운 마음으로 바라볼 수 있었다. 이 말은 신학적 진리를 인도의 사회 역사적 컨텍스트에서 인간 삶의 지속을 위해 도덕적으로 요구되어온 것들의 빛에 비추어 상대화할 것을 포함했다. 나는 인도에서의 경험을 통해 많은 다른 종교들과 문화들과의 직접 접촉하게 되었고 그 가운데 상징화, 예전, 그리고 도덕률의 모든 매력적인 방식들, 곧 세계와 그 안의 인간 실존에 대한 극히 다양한 생각들과 이처럼 물려받은 다양한 상징체계들이 제공하는 질서와 방향성 안에서 효율적으로 살고자 하는 것 역시 여러 다양한 지역에서 광범위한 역사적 지리학적인 환경과 상황에 적응하려 해온 인간의 상상력 풍부한 창조성의 산물들로 이해할 수 있었다.

이런 경험 덕분에 나는 이 세계의 많은 다른 문화들과 종교들에 대해 개방적이며 그것들을 존중하는 기독교 신학을 구성할 마음을 먹게 되었고 그 개요를 대략이나마 그릴 수 있었다. 그러나 그것이 만족스러운 모습으로 나타나기에는 15년이란 시간이 더 필요했다. 그 사이 도로시와 나는 일본, 남아프리카, 이스라엘, 중국을 방문했고 인도를 다시 찾았으며, 영국도 몇 번 다녀왔다. 또한 일본과 미국에서 불교도-그리스도인의 정기적 대화에 참여했으며, 그보다는 조금 짧게 중동과 미국에서 유대교-무슬림-기독교의 대화에 참여했다. 그러는 가운데 내가 생각하고 경험한 것을 학교의 강의와 책의 저술을 통해 표현했으며 그것이 마침내 완성된 형태로 출판된 것이 《신비에 직면하여: 구성신학 *In Face of Mystery: A Constructive Theology*》(1993)이다.10)

이 기간 동안 나는 나 자신이 점차로 하나님에 대한 전통적인 기독교적 개념의 인격주의적인 측면을 포기해 가고 있음을 발견했다. 적절한 현대의 구성신학은 나에게는 천체물리학, 지질학, 생물학, 생태학, 사회과학, 그리고 역사학이 밝혀 주듯이 우리와 이 세계가 진화에 의해 만들어졌다는 사실을 진지하게 받아들여야 한다. (나는 이 책의 1장과 3장에서 이런 사고의 어떤 부분을 제시했다). 《신학방법론》에서 나는 이미 '실존주의적existentialist' 구성신학(그 당시 내가 붙인 이름이었다)은 비록 내가 추구하고 있던 '우주론적인 cosmological' 접근보다 어떤 점에서는 설득력과 이점이 있지만 우리 시대에는 더 이상 적절하지 않다고 하였다(Kaufman 1995, 3장. 각주 8과 18). 내가 하나님에 대한 전통적인 기독교적 사고 속의 신인동형론과 인간중심주의에 대해 심각한 의심을 던지고 있었다는 최초의 명확한 표징은 신학방법론을 쓰기 이전에 쓴 소논문인 "신학

---

10) 이 에세이의 많은 부분이 편집되어 책으로 출판되었다(Kaufman 1979, 1981, 1985). 이 마지막 책은 독일어, 이태리어 일본어 한국어로 번역, 출판되었다.

의 문제: 자연의 개념A Problem for Theology: The Concept of Nature"에서 나타났다. 이 논문은 1972년 봄의 미국신학협의회American Theological Society 연례 모임을 위해 준비한 것이었다.11) 이 소논문에서 나는 하나님에 대한 전통적인 인격주의적인 이해 및 하나님이 인간과 맺는 친밀한 관계와 인간 실존은 본질적으로 지구 위에서 수억 년 동안 진화해온 복잡한 생태적 생명 질서에 의해 구성되었고 그것과 분리되어서는 결코 존재할 수 없다는 우리의 점증하는 의식 사이에는 근본적인 긴장, 아니 사실은 개념적이며 논리적인 불합치성이 있다고 주장했다. 그러나 그 당시의 나는 자연주의적인 사고방식과 유신론적인 사고방식 사이의 이런 불합치성을 극복할 방법을 알지 못했다. 나는 새로운 방법론적인 접근법을 발견하고, 또한 이런 질문들에 대해 그 후 20여 년 동안 계속 생각함으로 인해 《신비에 직면하여》에서 비로소 이 난관을 통과할 길을 발견할 수 있었다.

하나님을 인격적 존재로 생각하는 전통적인 기독교적 사고에서 내가 처음으로 분명히 벗어나게 된 것은 1982년 내가 미국종교학회American Academy of Religion의 회장 연설로서 발표한 "핵 종말론과 종교 연구Nuclear Eschatology and the Study of Religion"를 통해서였다.12) 이 연설에서(그리고 뒤에 Kaufman 1985에서) 나는 하나님의 섭리적 돌보심이란 말은 오늘날 우리가 직면하고 있는 핵전쟁의

---

11) Kaufman 1972b, 337-62에서 처음 출판되었고 (약간 수정되어) Kafuman 1981의 8장에 수록되었다.
12) 미국 종교학회지(*Journal of the American Academy of Religion*)에 처음 실렸고 (Kaufman 1983) 뒤에 약간 수정되어 나의 책 《핵시대의 신학*Theology for a Nuclear Age*》 (Kafuman 1985)의 첫 번째 장이 되었다. 여기에 인용한 것은 이 책에서 나왔다.

위기에 대한 우리 인간의 책임성을 심각하게 고려하는 것으로 대체되어야 한다고 주장했다.

> 기독교 신학자들과 기독교인들은 똑같이… 권위 있는 전통들이나 과거의 계시로부터 올바른 가치나 표준, 곧 삶이 이해되고 결단과 행동이 이루어지는 올바른 신앙의 방향성을 알 수 있다고 단순하게 가정해서는 안 됩니다… 우리는 우리가 전수받은 전통들을 가장 철저하게 해체하고 또 재구성할 수 있도록 준비해야 하며, 거기에는 그 전통들의 중심이자 가장 중요한 상징들인 하나님과 예수 그리스도도 해당됩니다.

영국 맨체스터대학의 퍼거슨강좌에서 발표한 내용과 미국 종교학회에서 한 연설에 기초한 나의 작은 책《핵 시대의 신학 *Theology for a Nuclear Age*》에서 나는 하나님의 이미지/개념을 어떻게 재구성할 것인지를 간략하게 제시했다. 곧 여기에서 나는 하나님을 전 우주적인 인격/ 행위자로 보는 하나님에 대한 신인동형론적인 이해 대신 하나님을 그보다 더 모호한 관념인, 역사–문화 과정과 인간 실존을 가능하게 하고 그것을 계속 유지하며 더 충만한 인류와 인간됨으로 이끌어 가는 그 복잡한 물리적, 생물학적, 그리고 역사문화적 조건들 속에서 활동하는 "숨어 있는 창조성"으로 이해할 것을 주장했다(Kaufman 1985, 41-42).[13] 나는 이런 생각

---

[13] 이 일이 있은 지 2년 후 나는 내가 회원으로 있는 불교-기독교 대화 모임에 "하나님과 공God and Emptiness"이라는 제목의 논문을 제출했다. 이 "실험적인" 글에서 나는 우리의 신 이해가 – 그리스의 형이상학적 성찰로부터 기인한 – 하나님은 당연히 존재(혹은 "한 존재" 혹은 "존재 자체")의 개념으로 생각되어야 한다는 거의 보편적인 가정을 배제하고 대신 공emptiness, sunyata이라는 불교적 개념을 가장 근본적인 형이상학적 개념으로 채택한다면 우리의 신 이해는 혁명적으로 바뀔 수

을 《신비에 직면하여》에서 제시한 구성신학에서 좀 더 자세히 다루었다.

IV

나의 책 《신비에 직면하여》는 너무 방대한 책으로 여기에서 그것을 다 요약할 수는 없다.14) 실상 이 책, 특히 1장과 2장이 거기에서 제시한 주된 사상들 중의 일부를 명료하게 하고 확장하고 있기에 구태여 그럴 필요도 없다. (이 책의 1장은 《신비에 직면하여》에서 발전시킨 세 가지 핵심적 개념들 곧 **생역사적 존재로서의 인간**, 우주 전체의 수많은 **여러 궤적들**, 그리고 그 궤적들을 통해 자신을 **예기치 않게 찾아온 창조성**으로 드러내신 하나님을 다루었다). 이런 개념들과 연결되어 발전시킨 관점은 우리가 윤리에 대해 생각하는 방식에 대해 중요한 함의를 갖는다. 우리가 물려받은 기독교 윤리는 거의 전적으로 다른 사람들이나 인격적 존재들

있지 않는가 하는 점을 탐구했다. 실상 이런 변화는 우리가 신이란 말로 의미하는 바를 철저히 재개념화시킬 것이다. 그것은 신을 능력이라는 개념(전능)으로 구체화하는 서구적인 신 이해를 약화시키고 대신에 신학자들로 하여금 신의 "연약성"과 "무저항성"에 대한 더욱 철저히 그리스도 중심적인 사상에 대해 열려 있게 할 것이다. 그것은 내가 Kaufman 1968(특히 219쪽 이하와 493쪽 이하를 보라)에서 제시했던 메노나이트적인 생각에 근거한 제언이다. 이렇게 생각하게 되면서 나는 대부분의 전통적인 신 개념들 속의 실체론적인 사고를 포기하고 신을 "예기치 않게 찾아온 창조성"이란 개념으로 말하는 데 도움을 받았다. 이 논문은 Kaufman 1989b에서 처음 출판되었고 (약간 보완하여) Kaufman 1996a (pp. 141-56)에 재수록되었다.

14) 《신비에 직면하여》의 기본적인 신학적 입장에 대한 더 짧은 내용과 그런 입장을 채택하는 것이 인간의 종교이며 문화적 다양성이 신학에 제기하는 문제들에 대한 구체적인 논의들은 3년 뒤 Kaufman 1996a에서 다루었다.

에 대한 태도나 그들과의 상호관계성에 초점을 맞추고 있다. 그러나 하나님이 우주를 통해 자신을 드러내신 창조성으로 이해되며, 우리 인간이 지구 위의 생명의 그물망에 의해 만들어졌고 또 유지되고 있는 존재로 이해된다면, 우리의 태도와 행동은 a) 이런 살아 있는 창조성의 그물망과 조화를 이루며 모든 생명들을 우리가 사랑해야 하는 이웃으로 인식하는 가운데 이루어져야 하며, b) 이 그물망 안에서의 우리의 궤적(하나님의 활동)의 계속되는 창조적 발전에 응답하고 또한 공헌하는 방식으로 이루어져야 한다. 따라서 나의 삶과 신학적 성찰의 두 가지 주된 주제들인 하나님 신앙의 문제성과 철저한 기독교 윤리의 중요성에 대한 깊은 확신은 예기치 않게 찾아온 창조성에 의해 주도되는 세계 안의 인간 실존이라는 통일된 자연주의적/역사주의적 개념 속에서 통합이 되었다.

내가 최근 들어 "신은 죽었다"는 니체의 외침에 대해 생각하면서 그것을 하나님을 창조성으로 생각해 보자는 나의 제언의 관점으로 재평가해 볼 때 – 니체 역시 (내가 한 만큼) 창조성을 강조했다 – 나는 이전보다 더욱 나에게나 니체에게나 전통적인 신인동형론적인 하나님은 오래전에 죽었음을 깨닫게 되었다. 내가 내 삶의 그렇게 긴 시간 동안 맞서 투쟁했고 또 그렇게도 거부하기 어려웠던 것은 다름 아닌 그 하나님의 권위(그리고 권위주의)였다. 그러나 신학은 과거나 지금이나 본질상 인간의 상상적 구성물이라는 깨달음으로 인해 나는 이런 발전을 특별한 인간의 상징적 형성의 죽음, 곧 서구 종교 및 역사에서 의심의 여지없이 아주 중요한 상징주의였으나 오늘날의 인간 조건에 더 이상 적절하지 않으며 또 그 조건을 좋게 만들지 못하는 것의 죽음으로 이해하게 되었다. 그러나 신학자들은 우리의 하나님 이야기와 하나님에 대한 신앙이야기하는 문제들에 대해 생각하도록 부르심을 받았고 그런 부르심을 포기해서는 안 된다. 그렇게 하는 것은 아기를 그 목욕통과 함께 내버리는 것과 같다. 오히려 그들은 '하나님'이라는 상징을 우리가 우리 자신과 우리의 세계를 이해하는 방식에서 나오는 은유들로 재이미지화 하고 재인식하며 재구성하도록 부르심을 받았다. 내가 이 책에서 시도하고 있는 것이 바로 이런 것이다.

기독교 신앙에 대한 전통적인 메노나이트적 이해에 의하면, 인간에게 가장 중요한 것은 우리가 고백하는 신조가 아니라, 어떻게 이웃 및 원수들 속에서 삶을 잘 살아내느냐 하는 점이다. 곧 우리는 모든 동료 인간들에게 관심을 가져야 하며, 그들을 사랑하고 그들의 필요를 채워주는 삶을 추구해야 한다. 물론 나는 이런 확신을 계속 고수하기는 하지만 자신의 삶과 희망의 초점을 초인이 가진 영광스러운 창조성에 둔 니체와는 아주 멀리 떨어져 있다. 니체는 "보잘 것 없는 사람들"에 대해서는 거의 관심이 없었고 오히려 경멸했다. 그러나 내가 볼 때 지구 위에 사는 남자와 여자 중 "가장 작은 사람들"과 지구 위의 모든 피조물들을 유지하는 과정을 위해 우리 삶을 헌신할 때만 우리는 인간으로서의 진정한 존엄과 성취를 이루게 된다. 이는 권위 있는 왕과 같은 하나님이 만물에 그런 질서를 부여해서 그런 것이 아니다. 오직 신적인 권위를 가지고 있다고 여겨졌고 그 왕 같은 분의 '독생자'로 생각된 한 사람이 철저한 아가페-사랑과 용서와 화해의 윤리야말로 진정 인간적이자 인도적으로 올바른 길임을 강조하는 역사적 전통을 형성했기 때문이다(이것이 역사 속에 신비스럽게 예기치 못하게 일어나는 일 중의 하나다). 그런 삶은 영광스러운 창조성으로 가득 차 있는, 생태적 질서 속에 있는 우리의 우주에서 특히 더 적절한 삶이다.

참고문헌

Aquinas, Thomas. [1271] 1964. *Summa Theologiae*. New York: McGraw-Hill.

Augustine, Saint, Bishop of Hippo. [388-95]. *On Free Choice of the Will*. Trans. Thomas Williams. Indianapolis: Hackett.

_____. [400-16] 1963. The Trinity. Trans. Stephen McKenna. Vol. 45 of *Fathers of the Church*. Washington, D.C.: Catholic Univ. of America Press.

Barrow, John D., and Frank J. Tipler. 1988. *The Anthropic Cosmological Principle*. Oxford: Oxford Univ. Press.

Barth, Karl. [1918] 1933. *The Epistle of the Romans*. Trans. E. C. Hoskyns. London: Oxford Univ. Press.

Bellah, Robert. 1970. *Beyond Belief*. New York: Harper and Row.

Berdyaev, Nicholas J. 1937. *The Destiny of Man*. London: Geoffrey Bles.

Broad, William J. 2000. Maybe We Are Alone in the Universe, After All. *New York Times*, February 8.

Christ, Carol. 1997. *Rebirth of the Goddess: Finding Meaning in Feminist Spirituality*. Reading, Mass.: Addison-Wesley.

Collingwood, R. G. 1933. *An Essay on Philosophical Method*. Oxford: Clarendon.

_____. 1946. *The Idea of History*. London: Oxford Univ. Press.

Daly, Mary. 1973. *Beyond God the Father: Toward a Philosophy of Women's Liberation.* Boston: Beacon.

Deacon, Terrence. 1997. *The Symbolic Species: The Co-evolution of Language and the Brain.* New York: Norton.

Denison, D. C. 2002. Playing with Billions. *Boston Globe Magazine*, December 29: 20-23, 29-31.

Diamond, Jared. 1997. *Guns, Germs, and Steel: The Fates of Human Societies.* New York: Norton.

Eckhart, Meister. [c. 1300] 1941. *Meister Eckhart: A Modern Translation.* Ed. and trans. Raymond B. Blakney. New York: Harper.

Feuerbach, Ludwig. [1841] 1957. *The Essence of Christianity.* Trans. George Eliot. New YorkL Harper & Bros.

Fiorenza, Francis Schussler. 1984. *Foundational Theology.* New York: Crossroad.

Fiorenza, Francis Schussler, and Gordon D. Kaufman. (See Kaufman and Fiorenza 1998)

Geertz, Clifford. 1973. *The Interpretation of Cultures.* New York: Basic Books.

Hawking, Stephen W. 1988. *A Brief History of Time: From the Big Bang to Black Holes.* New York: Bantam Books.

———. 2002. *The Theory of Everything: The Origin and Fate of the Universe.* Beverly Hills, Calif.: New Millenium.

James, William. []1902] 1985. *The Varieties of Religious Experience.* Cambridge: Harvard Univ. Press.

———. [1909] 1977. *A Pluralistic Universe.* Cambridge: Harvard Univ. Press.

———. 1920. *The Letters of William James.* Vol. 2. Ed. Henry James.

Boston: Atlantic Monthly Press.

John of Damascus. [c. 743] 1899. *Exposition of the Orthodox Faith*. In *Select Works of Hilary of Poitiers and John of Damascus*. Vol. 9 of *A Select Library of Nicene and Post-Nicene Fathers of the Christian Church*. Second Series. Oxford: Parker.

Kant, Immanuel. [1781] 1929. *Critique of Pure Reason*. Trans. Norman Kemp Smith. New York: St. Martin's.

Kaufman, Gordon D. 1951. Some Theological Emphases of the Early Swiss Anabaptists. *Mennonite Quarterly Review* 25 (2): 75-99.

_____. 1955. The Problem of Relativism and the Possibility of Metaphysics: A Constructive Development of Certain Ideas in R. G. Collingwood, Wilhelm Dilthey, and Paul Tillich. PhD diss., Yale Univ.

_____. 1958. Nonresistance and Responsibility. In *Concern: A Pamphlet Series for Questions of Christian Renewal*, no. 6: 5-29.

_____. 1960. *Relativism, Knowledge, and Faith*. Chicago: Univ. of Chicago Press.

_____. 1961. *The Context of Decision*. New York: Abingdon.

_____. 1968. *Systematic Theology: A Historicist Perspective*. New York: Scribner.

_____. 1972a. *God the Problem*. Cambridge: Harvard Univ. Press.

_____. 1972b. A Problem for Theology: The Concept of Nature. *Harvard Theological Review* 65 (3): 337-66.

_____. 1979. *Nonresistance and Responsibility, and Other Mennonite Essays*. Newton, Kans.,: Faith and Life.

_____. 1981. *The Theological Imagination: Constructing the Concept of God*. Philadelphia: Westminster.

____. 1983. Nuclear Eschatology and the Study of Religion. *Journal of the American Academy of Religion* 51 (1): 3-14.

____. 1985. *Theology for a Nuclear Age*. Manchester, UK: Univ. of Manchester Press; Philadelphia: Westminster.

____. 1988. Apologia Pro Vita Sua. In *Why I Am a Mennonite: Essays on Mennonite Identity*, ed. Harry Loewen, 126-38. Scottdale, Pa.: Herald.

____. 1989a. Evidentialism: A Theologian's Response. *Faith and Philosophy* 6 (1): 35-46.

____. 1989b. God and Emptiness: An Experimental Essay. *Buddhist-Christian Studies* 9: 175-87. Also published (in a slightly different version) in *The Religious Philosophy of Nishitani Keiji*, ed. Raitetso Unno, 82-97. Berkeley: Asian Humanities; and (with some additions) in Kaufman 1996a.

____. 1991. The Influence of Feminist Theory on My Theological Work. *Journal of Feminist Studies in Religion* 7 (1): 112-15.

____. 1993a. *In Face of Mystery: A Constructive Theology*. Cambridge: Harvard Univ. Press.

____.1993b. Jesus as Absolute Norm? Some Questions. In *The Limits of Perfection: A Conversation with J. Lawrence Burkholder*, ed. R.J. Sawatsky and Scott Holland, 118-21. Waterloo, ON: Institute of Anabaptist-Mennonite Studies.

____. 1994. Some Reflections on a Theological Pilgrimage. *Religious Studies Review* 20 (3): 177-81.

____. 1995. *An Essay on Theological Method*. 3rd ed. New York: Oxford Univ. Press. First edition 1975 by Scholars.

____. 1996a. *God-Mystery-Diversity: Christian Theology in a Pluralistic*

World. Minneapolis: Fortress Press.

_____. 1996b. The Mennonite Roots of My Theological Perspective. In *Mennonite Theology in Face of Modernity: Essays in Honor of Gordon D. Kaufman*, ed. Alain Epp Weaver, 1-19. Newton, Kans.,: Bethel College.

_____. 1996c. Mennonite Peace Theology in a Religiously Plural World. *Conrad Grebel Review* 14 (1): 33-47.

_____. 2000. Ecological Consciousness and the Symbol 'God.' In *Christianity in the 21st Century*, ed. Deborah A. Brown, 72-95. New York: Crossroad.

_____. 2001a. On Thinking of God as Serendipitous Creativity. *Journal of the American Academy of Religion* 69 (2): 409-25.

_____. 2001b. My Life and My Theological Reflection: Two Themes. *American Journal of Theology and Philosophy* 22 (1): 3-32.

_____. 2003. Is God Nonviolent? *Conrad Grebel Review* 21 (1): 18-24.

Kaufman, Gordon D., and Francis Schussler Fiorenza. 1998. God. In *Critical Terms for Religious Studies*, ed. Mark C. Taylor. Chicago: Univ. of Chicago Press.

Levinas, Emmanuel. 1969. *Totality and Infinity*. Pittsburgh: Duquesne Univ. Press.

Maimonides, Moses. [1190] 1963. *The Guide of the Perplexed*. Trans. and ed. Shlomo Pines. Chicago: Univ. of Chicago Press.

Malcolm, Norman. 1994. *Wittgenstein: A Religious Point of View?* Ithaca: Cornell Univ. Press.

Marion, Jean-Luc. 1991. *God without Being*. Chicago: Univ. of Chicago Press.

Mathews, Shailer. 1924. *The Faith of Modernism*. New York: Macmillan.

____. 1931. *The Growth of the Idea of God*. New York: Macmillan.

MaFague, Sallie. 1987. *Models of God: Theology for an Ecological Nuclear Age*. Philadelphia: Fortress Press.

Mead, George Herbert. 1934. *Mind, Self, and Society*. Chicago: Univ. of Chicago Press.

Nicholas of Cusa. [1440] 1954. *Of Learned Ignorance*. New Haven: Yale Univ. Press.

Niebuhr, H. Richard. 1941. *The Meaning of Revelation*. New York: Macmillan.

____. 1960. *Radical Monotheism and Western Culture*. New York: Harper.

____. 1963. *The Responsible Self*. New York: Harper & Row.

Otto, Rudolf. [1917] 1950. *The Idea of the Holy*. 2nd ed. London: Oxford Univ. Press.

Overbye, Dennis. 2002. In the Beginning... *New York Times*, July 23.

Oxford English Dictionary. 1971. Compact ed. New York: Oxford Univ. Press.

Pascal, Blaise [c. 1670] 1995. *Penses and Other Writings*. Trans. Homer Levi. New York: Oxford Univ. Press.

Plato. [366-360] 1937. *The Timaeus*. In *Plato's Cosmology*, trans. F. M. Conford. London: Routledge & Kegan Pal.

Polkinghorne, John. 1996. Chaos Theory and Divine Action. In *Religion and Science: History, Method, Dialogue*, ed. W. Mark Richardson and Wesley J. Wildman, 243-52. New York: Routlege.

Pseudo-Dionysius [six century] 1951. *On the Divine Names, and Mystical Theology*. Trans. C. E. Rolt. London: Society for Promoting Christian Knowledge.

Rees, Martin. 1997. *Before the Beginning: Our Universe and Others*. Reading, Mass.: Addison-Wesley.

Rue, Loyal. 2000. *Everybody's Story*. Albany: SUNY Press.

Ruether, Rosemary Radford. 1992. *Gaia and God: An Ecofeminist Theology of Earth Healing*. San Francisco: Harper.

Schleiermacher, Friedrich. [1799] 1958. *On Religion: Speeches to Its Cultured Despisers*. New York: Harper.

_____. [1811] 1976. *Dialektik*. ed. Rudolf Odebrecht. Darmstadt: Wissenshaftliche Buchgesellschaft.

_____. [1822] 1928. *The Christian Faith*. Trans. H. R. Mackintosh and J. S. Stewart. Edinburgh: Clark.

Schussler Fiorenza, Elizabeth. 1993. *In Memory of Her*. New York: Crossroad.

Spinoza, Baruch. [1677] 1989. *Ethics*. Trans. Andrew Boyle, revised by H. R. Parkinson. London: Dent.

Steiner, George. 1989. *Real Presences*. Chicago: Univ. of Chicago Press.

Taylor, Mark C. 2001. *The Moment of Complexity: Emerging Network Culture*. Chicago: Univ. of Chicago Press.

Theissen, Gerd. 1985. *Biblical Faith: An Evolutionary Approach*. Philadelphia: Fortress Press.

Whitehead, Alfred North. 1929. *Process and Reality*. New York: Macmillan,

Wieman, Henry Nelson. 1946. *The Source of Human Good*. Chicago: Univ. of Chicago Press.

옮긴이의 말

이 책은 미국의 조직신학자 고든 카우프만(1925-2011)의 *In the Beginning... Creativity* (2004)를 번역한 것이다. 카우프만은 비폭력 평화주의를 지향하는 메노나이트 교단의 목사 아들로 태어나 노스웨스턴 대학에서 사회학을 공부했고 예일대학교에서 신학과정을 마쳤다(B.D Ph.D). 캘리포니아 주 파모나 대학(1953-1958)과 테네시 주 밴더빌트대학(1963-1969)에서 가르쳤고 1969년부터 하버드대학교 신학부 교수로 있다가 1995년 명예교수로 은퇴하였다. 미국 뿐 아니라 세계에서 가장 창조적인 신학자의 한 명으로 인정받고 있는 그는 미국신학회와 미국종교학회의 회장을 역임했다. 이 책은 그가 80세에 낸 저서로서, 그의 신학사상의 완결판이라 할 수 있다. 이어서 그가 출판한 *Jesus and Creativity*(2006년)는 이 책의 자매편이라 할 수 있다.(이 책은 김진혁 옮김으로 《예수와 창조성》이라는 이름으로 한국기독교연구소에서 출판되었다).

카우프만은 기독교의 진리를 오늘날의 포스트모던 사회 속에 의미 있게 전달해 보려는 노력을 계속하고 있다는 점에서 일종의 변증 신학자라고 할 수 있다. 그는 다음과 같은 사실을 염두에 두고 신학 작업을 하고 있는 것으로 보인다. (1) 인간을 비롯한 지구 위의 생명체들은 45억년이란 긴 세월 동안 진화해 온 결과라는 것, (2) 전통적인 기독교의 자연/초자연이라는 이원론적 실재관은 더 이상 현대인들에게 의미를 갖지 못한다는 것, (3) 기독교의 신인동형론적이거나 인간중심적인 신 이해는 과학적이며 진화론적인 사고를 하는 현대인들에게 맞지 않으며 새로운 대안이 필요하다는 것, (4) 세상에는 기독교 문명 외의 다양한 문명들이 존재하며 인류는 이 다양성을 인정하고 경축하며 사이좋게 살아야 한다는 것, (5) 무엇보다도 생태학적인 위기가 인류 문명을 근본적으로 위협하고 있는 이 때 이 문제를 극복할 수 있는 새로운 기독교 신앙이 필요하며, 이는 새로운 신 이해에서부터 시작될 수 있다는 점 등이다.

실상 하나님을 어떻게 이해할 것인가 하는 것은 카우프만이 오랫동안 숙고 해 온 중심적인 주제의 하나로서 이 책은 그 질문에 대한 최종적인 답변이라고 할 수 있다. 이 책에서 그는 하나님을 창조주God as Creator 아닌 창조성God as Creativity으로 보자고 제언한다. 그가 이렇게 말하는 데는 두 가지 이유가 있다. 첫째, 하나님은 무한하고 궁극적인 신비여서 인간의 어떤 언어도 하나님을 제대로 표현할 수 없고, 이 점은 창조주 하나님이라는 성서적이며 인격주의적인 언어도 마찬가지라는 점이다. 둘째, 신을 하나의 인격적 창조주로 생각하는 것은 신인동형론적이고 인간중심주의적이어서 과학적이고 진화론적으로 생각하는 현대 정신에 설득력 있게 다가설 수 없기 때문이다.

하나님을 창조성으로 이해하자고 말한 다음 카우프만은 창조성으로서의 하나님을 세 가지 창조적 과정 속에서 발견할 수 있다고 말한다. 첫째, 빅뱅 이후 140억 년에 이르는 우주 발생 과정을 가능하게 하였던 창조성으로 그는 이를 창조성 1이라고 부른다. 둘째, 약 45억 년 간의 지구라는 행성 속에서의 다양한 생명체들의 발생과 그 진화과정 전체를 이끌어온 놀라운 창조성으로 그는 이를 창조성 2라고 부른다. 셋째, 생물학적 존재이면서 동시에 역사적이고 사회적 존재인 인간 존재의 출현과 인간의 모든 창조적 행위 속에서 자신을 드러낸 창조성으로서 그는 이를 창조성 3이라고 부른다.

이와 같은 카우프만의 이해를 어떻게 보아야 할 것인가? 긍정적으로 볼 때 카우프만의 창조성으로서의 하나님은 신에 대한 이해 지평을 크게 확장할 수 있다는 강점이 있다. 창조성으로 이해된 하나님은 기독교 안에만 제한될 수 없고 인간 사회와 역사 속에만 머무르지도 않으며, 지구 생태계 및 우주 전체와 연관될 수 있다. 이 점에서 하나님을 만유 위에 계시고 만유를 통일하시며 만유 안에 계신 분으로 이해하는 기독교 신앙의 보편성(엡 4:6)에 잘 부합한다고 할 수 있다. 반면에 창조성으로서의 하나님은 더 이상 인격적인 실체라고 말하기 어렵기 때문에 우리의 기도와 찬양을 들으신다든지, 가장 깊은 차원에서 우리와 같이 계신다든지 할 수 없다는 점에서 일상의 삶을 사는 신앙인에게 손에 잡히지 않는 하나의 추상적 개념에 불과하게 될 수 있다. 카우프만 역시 그의 신 이해가 새로운 지평을 열어줌과 동시에 새로운 문제점들을 가져올 수 있음을 인정한다.

이 책을 번역하는 것은 쉽지 않았다. 카우프만의 사상 자체가 어렵기도 했지만 무엇보다 그의 문장들이 너무 난삽했기 때문이다. 여러 차례 읽으면서 문장을 다듬어 보았으나 여전히 쉽지 않은 부분이 있다. 어렵지만 가치 있는 이 책이 널리 읽혀서 창조주이자 창조성인 하나님의 능력이 오늘의 한국 교회와 사회 속에 널리 퍼져가기를 희망한다.